벽을 뚫는 대화법

말해봤자 소용없고 참자니 속 터질 때

벽을 뚫는 대화법

제이슨 제이, 가브리엘 그랜트 지음 | 김지혜 옮김

알키

"생각의 차이를 가로지르는 다리를 만들고 대화를 행동까지 나아가게 하는 방법을 알려주는 현장 매뉴얼"

애덤 그랜트Adam Grant

(와튼스쿨 경영학 교수, 〈뉴욕타임스〉 베스트셀러 《오리지널스》, 《기브 앤 테이크》 저자)

"당신이 실의에 빠져 있고 싶지 않다면, 진정으로 세상을 바꾸고 싶다면 꼭 필요한 책이다. 인간으로서, 시민으로서, 지지자로서, 우리가 반대하거나 회피하는 사람들과 공통된 기반을 만들기 위해 필요한 우리의 동기, 가정을 식별할 수 있도록 도와준다. 목표를 달성하기 위한 새로운 길을 찾기 위해 '확실성'과 '정의 righteousness'를 포기하도록 요구하며, 그렇게 할 수 있도록 돕는 도구와 영감을 선사하는 책이다."

그웬 루타Gwen Ruta (환경보호기금 기후 에너지 수석 부사장)

"미국의 미래는 '에코 체임버(echo chamber, 같은 뜻을 가진 사람끼리 나누는 의견들이 메아리처럼 울려 퍼지면서 점점 더 의견이 고착화되는 것)' 너머 서로에게 다가설 수 있는 우리의 능력에 달려 있다. 제이슨과 가브리엘을 민주주의에 있어 매우 중요한 대화를 시작하는 과정으로 우리를 안내한다."

밴 존스Van Jones (드림콥스 공동 창립자 겸 회장, CNN 기고가, 작가)

"경쟁적 시각에서 벗어나 번성하는 조직과 사회를 만들기 위해서는 창의성을 활용해야 한다. 이 책은 사람들에게 그것을 가능하게 하는 도구를 제공한다."

존 매키 John Mackey (홀푸드마켓 CEO)

"제이슨 제이와 가브리엘 그랜트는 우리의 공적, 사적 상호작용을 방해하는 대화의 교착상태를 깨는 열쇠로 '진정성 Authenticity'을 꼽았다. 두 사람은 우리가 빠져드는 함정을 알려주고 함정에서 벗어나는 법을 알려준다. 쉽지는 않겠지만, 이 책에서 제공하는 실전연습 과제들을 통해 우리는 인식하지 못한 채 양극화를 심화시키는 경우를 피할 수 있다."

로런스 서스킨드 Lawrence Susskind

(MIT 도시환경계획교수, 하버드대학교 로스쿨 협상 프로그램 부의장)

"회사, 지역사회, 나아가 스스로가 변하길 원하는 사람들을 위해 제이와 그랜트는 접근 가능하고 실용적이며 흥미로운 안내서를 만들어내 우리에게 동기를 유발한다."

크리스틴 베이더 Christine Bader (《기업 이상주의자의 진화》 저자)

대화의 시대는 끝났다고 말하는 사람들도 있다. 요즘처럼 극단적인 의견 대립이 난무하는 시대에 대화로 해결될 일이 있겠냐고 말이다. 사람들은 지금이 승패勝敗의 시대이며 승리가 가장 중요하다고 말한다. 전쟁으로 빗대자면, 이기기 위한 전술을 구사하는 것이 전쟁의 핵심이란 말과 같다.

그렇다면 우리는 누구와 전쟁 중일까? 기후변화, 동식물 멸종, 극심한 불평등, 불완전한 일자리에 불안해하는 전 세계의 젊은이들, 사회적 불안정, 잉여자본과 안정적인 일자리가 부족한 경제 등 세계의 심각한 문제들은 다른 누구도 아닌 우리들이 만들었다.

우리는 우리 자신, 그리고 이 작은 행성에서 살아가는 다른 많은 생명체들의 행복을 위한 기본적인 조건조차 만들어내지 못하면서 살고 있다. 자기 자신과의 싸움인 이 전쟁에서 승자와 패자는 의미가 없다. 우리는 많은 노력에도 불구하고 제자리를 맴돌며, 모두에게 도움이 되는 진정한 발전 대신 자신도 모르게 광란, 분노, 두려움을 선택한다.

나는 점점 더 많은 이들이 이러한 상황을 인식하고 있다고 확신한다. 사람들은 세상이 변해야 한다는 것을 안다. 유한한 행성에서 물질적인 성장은 한계가 있다는 걸 알고 있으며, 성장 자체만을 중시하는 오늘날의 물질 지상주의는 한정된 재화 안에서 '내 몫'을 두고 싸우는 해로운 경쟁만 부추긴다는 것도 알고 있다. 이 문제가 '우리 대 그들(Us versus Them, 심리적으로 자신이 속했다고 생각하는 그룹과 그 외의 집단 - 편집자주, 이하 생략)'의 문제가 아니라는 것도 어느 정도는 알고 있다. '우리는 어떤 미래를 창조하고 싶은가?'라는 의미에서의 새로운 '우리'와 관계 있다는 걸 안다. 아이러니하게도 이러한 인식은 현실에서 오히려 문제가 될 수 있다. 우리가 '필요하다'고 생각하는 것과 '실제 주변에서 일어나는 일' 사이의 간극을 넓혀 상황이 악화될 수 있는 것이다.

극단적 갈등에 부딪쳤을 때 우리에겐 선택권이 주어진다. 계속해서 있는 힘을 다해 싸우며, 통제권을 얻기 위해 전투에서 나에게 유리한 방식으로 발전의 정의를 추구하거나, 변화하는 것이다. 변화는 무엇을 의미할까? 왜 이것이 '포기'와 다른 걸까?

먼저 이런 변화는 여러분이 믿는 가치에 대한 지지를 철회한다는 뜻이 아니기 때문이다. 단지 다른 방식으로 지지하는 것뿐이다. 다시 말해 진정한 변화를 이루려면 외부 장애물과 내부 장애물이 있다는 사실을 깨달아야 한다. 내부, 즉 나의 문제를 다루지 않고 외부를 통제해 상황을 효과적으로 조정할 수 있다는 생각은 환상일 뿐이다. 이는 내부의 문제만을 다룰 때도 마찬가지다. 선택의 핵심은 둘 다 하거나 둘 다 하지 않는 것이다. 실질적인 일은 성찰적 실천가처럼 효과적인 행동과 개선된 인식을 함양하고

'이곳'의 장애물을 발견하는 동시에 '저 밖'의 문제를 해결하는 것이다.

결국 우리가 삶의 목적의식을 기반으로 하는 매일의 대화처럼 활동가activists들이 자신과 아이들을 위해 더 나은 세상을 만들려고 노력하듯, 모든 것은 우리가 대화에 어떻게 접근할 것인지에 달려 있다. 위대한 물리학자인 베르너 하이젠베르크 Werner Heisenberg가 '과학은 대화에 뿌리를 두고 있다'라고 말했는데 사회 변화에서도 마찬가지다. 대화를 통해 서로 더 가까워질 수 있는가? 무엇이 더 가능한지에 대해 많든 적든 영감을 얻을 수 있는가? 우리는 이기려는 것인가, 아니면 배우려는 것인가? 앞으로 다가올 미래를 위해 움직이는가 아니면 우리를 습관적인 생각과 행동에 가둬두는 과거에 머물러 있는가?

제이슨 제이 Jason Jay와 가브리엘 그랜트 Gabriel Grant는 조언과 실질적 실천법을 적절히 섞어 이 막연한 질문에 답을 제시한다. 두 사람은 교착상태를 뚫는 건 단지 의지의 문제만이 아니라는 사실을 알려 준다. 변화는 습관의 문제이기도 하다. 변화는 우리에게 깨달음을 주는 일상 속 문제들에 접근하는 방식에 달려 있다. 또한 두 사람은 이것이 혼자만의 여행이 아니라 파트너, 오늘날의 복잡한 변화에 도전할 때 머리와 마음을 여는 데 필요한 것들을 끊임없이 발견하기 위해 같이 노력하는 사람들과 함께해야 하는 여행이라는 것도 알고 있다.

신경과학자들은 "뇌는 스트레스를 받으면 다운시프트(downshift, 자동차의 기어를 저단으로 바꾸어 속도를 줄이는 것으로, 고차원적 사고 대신 생존지향적, 안정적인 것을 추구한다는 뜻)한다"고 말한다. 또한 가장 원시적이고 익숙한 행동 패턴으로 되돌아간다고 한다. 이런 경향은 공동체에도 일어난다. 오늘날 우리는 다운시프트가 전 세계적으로 나타나는 것을 볼 수 있다. 우리가 직면한 중대한 문제를 실질적으로 해결하기 위해서는, 서로의 말에 귀 기울이고 진정으로 대화하며 함께 생각하는 능력을 회복하는 일이 무엇보다 중요하다.

피터 M. 센게 Peter M. Senge
MIT 슬론경영대학원 교수, 《학습하는 조직 The Fifth Discipline》 저자

머리말

앞으로 우리가 함께할 여행

당신의 의견에 동의하지 않는 사람과 진지한 대화를 나눴던 가장 최근의 경험을 떠올려보자. 기분이 어땠는가?

정치적, 사회적, 환경적 문제로 사람들이 대립하는 상황에 당신이 처해 있다면 어떨까? 까다로운 주제의 대화를 나누면서도 상대방과의 관계를 견고히 다질 수 있고, 강력하고 새로운 아이디어와 결과를 만들면서 자신의 신념에게도 떳떳할 수 있다면?

대학교 4학년인 로라는 친구들과 마지막 추억을 쌓기 위해 해변으로 향했다. 그들은 4년을 아름답게 마무리하고 다가올 졸업을 축하할 예정이다. 해변에서의 세 번째 날, 로라의 친구 중 한 명이 자신은 지구 온난화 이론을 믿지 않는다는 이야기를 꺼냈다. 로라는 도저히 믿어지지 않아 깜짝 놀랐고 친구를 비난했다. 나머지 사흘은 모두 어색한 분위기에서 보내야 했다. 로라는 곰곰이 생각한 끝에 자신의 접근 방식이 친구관계를 해쳤으며, 누군가의 생각을 바꾸기도 효과적이지 않았다는 것을 깨달았다. 그녀는 친구에게 사과하며 기후변화에 대한 자신의 생각과 관점을 충분히 설명했다. 이 새로운 대화는 두 사람의 관계를 회복시켰을 뿐 아니라 로라의 친구에게도 기후 문제에 대해 다시 생각할 기회를 줬다.

케빈은 젊은 비즈니스 시스템 개발자다. 그는 빠르게 성장하고 있는 재생에너지 산업 관련 회사에서 일한다. 케빈은 자신에게 영감을 줄 뿐 아니라 산업 전반을 탈바꿈시킬 수도 있을 만한 새로운 아이디어를 떠올렸고 열정과 에너지로 가득찼다. 그는 회사의 오너가 영입한 벤처 투자가 출신의 새로운 CEO의 사무실로 바로 달려갔다. 케빈은 자신의 인생에서 가장 흥미롭고 설득력 있다고 자신할 수 있는 아이디어를 제시했지만, CEO의 냉담한 표정에서 이내 무언가 크게 잘못됐다는 것을 느꼈다. 그는 잠시 허둥대다가 분위기를 파악하고 조용히 자리를 떠났다. 거절당했다는 느낌이 든 케빈은 이 회사가 자신과 잘 맞는 곳인지를 고민했지만, 얼마간 숙고해본 끝에 자신의 아이디어가 CEO의 관심사나 재정적 수익에 대한 부담을 만족시킬 수 있을지 충분히 생각해보지 않았다는 사실을 깨달았다. 수정해서 제출한 아이디어는 성공적이었다. 회사는 전 세계적으로 재생에너지 시스템 채택을 순식간에 가속할 수 있는 새로운 서비스 모델을 출시했다.

건강한 삶에 대한 열의가 큰 미카엘라는 비만인 어머니에게 끊임없이 비만에 대해 이야기해왔다. 대화는 매번 잔소리, 말다툼, 실망으로 치닫곤 했다. 미카엘라는 자신의 적대적인 태도가 문제를 악화하고 있을지도 모른다 생각했다. 그동안 어머니께 도움이 되기보다는 '맞는 말'을 하기에만 바빴다는 사실을 깨닫고 그녀는 방법을 바꿨다. 미카엘라는 어머니와 함께 장을 보러 가고 식단을 짰다. 근 일 년간 한 번도 식사를 같이 하지 않았던 두 사람은 그

주에 세 번이나 함께 저녁 식사를 즐겼다.

앞선 이야기들이 일반적인 상황은 아니다. 어젠다를 추진하기 위한 선의의 시도는 대개 아이디어, 우선순위, 이념 등과 맞부딪치며 요란한 교통 정체에 갇힌다. 이런 교착상태를 뚫고 우리 자신, 인간관계, 이 세상을 위해 진정으로 우리가 원했던 결과를 만들어내는 경우는 매우 드물지만 불가능한 것도 아니다. 우리는 대화의 힘으로 더 나은 세상을 만들어낸 이야기들을 사랑한다. 우리는 이런 이야기들이 더 많아졌으면 했고, 이를 위해 우리가 아는 방법을 나누려고 이 책을 썼다.

이 책은 우리의 이야기, 성찰, 학습, 실험을 수집하는 것에서부터 시작했다. 우리 둘은 더 나은 세상을 만들고자 학생 운동가, 조직 컨설턴트, 대학 교수로서 다양한 활동을 해왔다. 그 과정에서 건설적인 관계를 다질 기회를 놓치기도 했고, 가족과 동료들에게 의도치 않게 피해를 줬다. 그 피해를 해소할 때도 있었지만, 교착상태에 빠져 정치, 사회, 환경 문제에 있어 양극화Polarization를 심화시킬 때도 있었다.

시간이 흐르며 우리는 이런 상황을 '의미 있는 성공'으로 바꾸는 방법을 알게 됐다. 그리고 이런 방법이 필요한 사람들을 도와주기로 결심했다. 제이슨은 바이오젠Biogen, 보스Bose, 록히드 마틴Lockheed Martin과 같은 유수의 회사의 고위 경영진들이 내부 장벽을 극복하고 지속 가능한 경영전략을 개발할 수 있도록 협력해왔다. 최고의 경영대학원인 MIT 슬론에서 소수의 열정적인 학생과 교수진으로 이루어진 '지속 가능 프로젝트Sustainability Initiative'를 중요한 학교 정책으로 승격시키기도 했다. 그는 수백 명의 MIT 슬론 학생들이 지속 가능성에 관심을 두고 그들이 커리어를 쌓을 때에도 이를 고려할 수 있도록 이끌어왔다. 가브리엘은 보수적인 기업들 안에 환경보호를 목적으로 하는 단체를 만들었으며 바이런 펠로십 Byron Fellowship을 통해 미국의 심장부 안팎에서 리더들의 변화를 이끌어내는 공동체를 키워냈다. 또한 프라이스워터하우스쿠퍼스PwC, 스타벅스, 홀푸드, 뉴벨지움New Belgium, 서스테이너블 브랜즈 Sustainable Brands, 미국 유통업경영자협회 Retail Industry Leaders of America, 그린비즈GreenBiz 등의 단체와 협력하여 기업 리더를 위한 교육을 이끌기도 했다.

초기에는 우리가 실패한 이유와 성공한 방법, 우리의 경험을 공개적으로 이야기했다. 이내 사람들은 우리에게 '교육과정'을 요구하기 시작했다. 우리는 서로 의견이 다른 사람들이 진정한 대화를 나누는 법에 대한 워크숍을 시작했고, 지속 가능성과 사회정의 문제를 다루는 법에 있어 누구나 아는 뻔한 것 이상을 전해왔다. 우리는 사람들을 가르치며 방법론을 개발했고, 다른 사람들에게도 이를 공개했다. 실제로 우리의 성공이 일회성이 아니며 지속적인 교육이 가능할지 검증해준 동료들에 의해 우리의 커리큘럼은 코넬대학교, 미시간대학교를 포함한 여러 대학교의 수업으로 채택되기도 했다. 또한 우리는 다양한 조직 내에서 일하며 150여 개 이상의 주요 브랜드의 부사장과 임원을 포함한 지속 가능성 전문가들을 교육했다. 우리 두 사람이 함께 지도한 지속 가능성 전문가의 수만 약 2,000여 명이 넘는다.

워크숍 참가자들은 초보 사회운동가에서부터 노련한 지도자, 대학생에서부터 기업 임원에 이르기까지 다양했다. 그들이 거리낌 없이 공유한 경험담들 덕분에 우리는 어떤 상황에 대한 신념 뒤에 숨어 있는 함정, 즉 상황을 교착상태로 만드는 함정을 관찰할 수 있는 특별한 기회를 얻을 수 있었다. 또한 어떻게 교착상태와 극단적 대립을 뚫고 이해와 합의, 창조적 행동에 이르는 길을 성공적으로 찾을 수 있었는지에 대해서도 들을 수 있었다.

사실 우리의 연구는 처음에는 환경보호 운동에 중점을 두고 시작했다. 그러나 점점 지속 가능성이라든지 사회정의, 공중 보건 등 좀 더 넓은 의미의 '혁신적 운동'을 지지하는 방향으로 발전했다.

우리의 연구를 관통하는 근본적인 통찰이 있다면, 그것은 **어젠다를 추진할 수 있게 해주는 '시나리오'나 '화두'는 존재하지 않는다는 것이다. 고구마처럼 답답한 대화 상황을 타개하려면 '해야 할 말'을 찾지 말고 좀 더 근본적인 변화, 다시 말해 '존재 방식**way of being**'을 변화시켜야 한다**(특정 상황에 반응하는 개인의 태도, 마음가짐이나 사고방식 말한다. 개인의 존재 방식은 행동에도 영향을 미친다. 한 가지로 고정되어 있지 않고 상황에 따라 달라진다는 점에서 '본성'과는 다르다). 교착상태와 양극화는 사람들이 자신의 확고한 견해, 굳어진 생각, 존재 방식에 얽매였을 때 지속된다. 이런 상태를 돌파하기 위해서는 행동과 생각의 범위를 넓혀야 한다. 또한 진정으로 만들고 싶은 미래와 나의 모습을 계속해서 떠올리고, 그 미래와 일치하는 태도와 존재 방식을 갖춰야 한다. 그러면 말과 대화는 자연스럽게 흘러가며, 이 과정을 통해 우리는 새로운 가능성의 영역으로 능숙하게 나아갈 수 있다. 다른 이들의 저항에 진정으로 대응할 수 있으며 우리 자신의 가치관을 유지하면서도 다른 사람의 가치관과 충돌했을 때 나오는 새로운 아이디어를 탐구할 수 있다. 실수를 저지르더라도 다시 대화에 참여해 그 대화를 이끌어나갈 수 있다.

이 책은 사람들이 전형적으로 말하는, 세상 어딘가에 존재하는 추상적 개념의 대화의 교착상태에 관해 말하는 책이 아니다. 이 책은 제대로 된 대화가 이뤄지지 않는, 이념과 소속 정당이 다른 사람들 사이에서의 정치적 교착상태와 같은 극단적인 상황들을 다룬다. 또한 각자의 우선순위와 어젠다가 다를 때 서로 합의점을 찾고 행동으로 옮기기 어려운 조직적, 관료적 교착상태에 대해 서도 다룰 것이다. 어떤 경우든 돌파구는 대화에서 찾을 수 있다. 그리고 우리는 고구마 같은 상황에서 사이다를 찾을 수 있는 법을 '훈련'하기 가장 적절한 상황은, 친구와의 저녁 식사나 명절 모임 등 친밀한 관계나 모임이란 걸 찾아냈다.

이 책의 100퍼센트 활용법

이 책은 당신이 처한 문제를 해결하고 목적 달성을 돕기 위해 쓰였다. 이 책은 가이드북이자 워크북으로, 각 장에는 연습 과제들이 포함돼 있다. 자기반성이나 약점을 고백해야 하는 어려운 과제들도 있다. 책에서 제시하는 여행을 잘 따라가며 노력한다면 여러분은 자신에게 가장 중요한 사안에 대해 누구와도 효과적으로 대화할 수 있게 될 것이다. 이 책은 '대화의 힘'을 통해 양극화와 교착상태에 빠진 상황을 창의적인 결과와 개선된 인간관계로 바꿀 수 있도록 도울 것이다.

앞으로 단계별로 이어지는 장들에서는 주장advocacy, 리더십, 진실성에 대해 여러분이 가지고 있는 개념에 이의를 제기할 것이다. 여러분은 대화가 고착되는 순간을 비롯, 사람들이 쉽게 빠지는 일반적인 함정들을 살펴볼 것이다. 여러분은 중요한 대화를 효과적으로 이끄는 법을 배울 것이며, 자신이 속한 조직에서 발생하는 여러 대화 상황을 새로운 시각으로 바라보고 더 큰 성과를 얻는 쪽으로 변화시키는 법을 알게 될 것이다.

이를 해낸다면, 우리는 큰 문제들을 해결하고 더 나은 미래를 함께 만들 수 있을 것이다. 우리의 목적의식과 성취감을 재확인하고 동시에 가족, 공동체, 조직 내의 관계를 친밀하게 다지는 단계를 통해 더 나은 세상을 만들 수도 있다.

진지한 놀이

이 여행에 함께하기 위해서는 '진지한 놀이'라는 아주 독특한 태도가 필요하다. '진지하게 놀다니, 모순 아니야?'라는 생각이 들 텐데, 맞다. 모순이다.

'진지함'은 자신의 경험을 꼼꼼히 들여다보는데 필요한 집중력과 관련 있다. 실패의 원인이 되었던 순간들을 마주할 수 있는 용기도 포함한다.

'놀이'는 다음 두 가지 이유와 관련 있다. 첫째, 자신을 너무 진지하게 평가하다 보면 자기반성이 비판이나 절망으로 빠질 수도 있기 때문이다. '이 사회와 지구가 종말을 향해 가고 있는 것도 모자라 그 모든 게 나 때문이라니!' 우리의 약점과 인간적 면모를 가벼운 연민으로 바라본다면 집중력과 용기를 유지하기가 훨씬 쉬워진다. 자신을 우습게 생각할 수 있는 순간은 우리가 무언가를 배웠다는 사실을 알았을 때뿐이다.

둘째, 우리가 **함께**해야 하는 일이기 때문이다. 우리가 직면하는 복잡한 상황들은 거창하지 않다. 함정은 나만 빠져드는 것이 아니다. 혼자가 아니라는 사실을 깨닫게 해준다는 것이 우리 워크숍의 이점 중 하나다.

주변 지인들에게 도움을 받고 함께 실천한다면 이 책은 더 유용하고 흥미로울 것이다. 우리 두 사람 중 누구도 다른 사람의 도움 없이, 우리의 도전에 도움을 준 사람과 함께하지 않고 개인적인 변화를 이뤄낸 적이 없다. STEP2의 마지막 부분에서는 이 여행을 함께할 파트너를 찾을 수 있도록 '실전 연습'을 준비해두었으니, 지금부터 누가 내 파트너가 되면 좋을지 생각해보길 바란다.

　본격적으로 시작하기 앞서 이 책이 삶의 어떤 부분에서 여러분의 탐구와 실험에 도움을 줄 수 있을지 알아보자.

실전연습 1

해결하고 싶은 상황을 인식하라

이 책을 읽을 동안 사용할 과제용 노트를 준비하고, 잠시 시간을 내서 세 가지 목록을 적어보자. 다음 목록을 순서대로 적되 2번과 3번을 작성한 후 1번에 대한 답이 떠오를 수도 있으므로 항목 사이에 충분한 공간을 두자.

1. 나는 어떤 문제에 열정을 가지고 있는가?

여러분이 해결하고 싶은 문제들은 세계 지정학적 난제일 수도, 배우자가 전등을 끄지 않는 것과 같은 단순한 고민일 수도, 그 중간 어디쯤 있는 다른 문제일 수도 있다. 여러분의 일, 소셜 미디어, 사회적 집단과 깊게 관련 있는 문제들도 좋고, 대중적인 관심은 적지만 자신은 진지하게 걱정하는 문제들이어도 좋다.

항목이 잘 떠오르지 않는다면 다음 질문들을 생각해보라. 특별히 지키고 싶은 신념이 있는가? 어떤 가치관을 지지하는가? 여러분의 가족, 조직, 공동체, 국가, 세계에 대한 어떤 비전을 가지고 있는가?

2. 양극화하거나 교착상태에 빠지는 대화는 무엇인가?

누구와 1번 문제에 관해 옹호하거나 논쟁하고 토론하는가? 누가 '우리 편'이며 양극화의 '반대편'에 서 있는 사람은 누구인가? 이런 논쟁이 벌어지는 장소는 어디인가? 저녁 식사 자리, 페이스북, 사무실, 학교 구내식당 등 다양한 장소가 될 수 있다.

3. 교착상태에 빠질 것 같아 피하는 대화는 무엇인가?

위에 쓴 문제들과 관해 여러분의 관점을 '절대 이해하지 못할' 것 같은 사람은 누구인가? 이런 문제나 여러분의 아이디어에 대해 대화를 나누기 '어렵다고' 생각되는 사람은 누구인가? 가벼운 불쾌감에서 심각한 보복 위협까지, 그 이유는 다양할 수 있다.

실전연습을 통한 STEP UP!

실전연습은 일종의 연습용 과제다. 위와 같은 과제들은 필요한 순간마다 배치해뒀다. 가장 좋은 방법은 책을 읽다가 실전연습이 나오면 책 읽기를 멈추고 바로 해보는 것이다. 책 전반에 걸쳐 각각의 결과가 다음 과제로 이어질 수 있도록 계획했다. 대부분은 우리가 했던 워크숍에서 직접 가져왔으며, 실제 상황에서 최상의 결과를 얻을 수 있도록 보완한 것이다. 나머지는 이 책을 위해 특별히 고안한 것이며, 시험 참여자들과 함께 전달법이나 결과를 개선했다.

실전연습을 통한 단계적 성장을 계획한 이유는 우리들이 행동 편향적(불분명한 상황에서 확신은 없으나 어떤 식으로든 행동하려는 경향)이기 때문이다. 간단히 말해 **실제로 대화를 해보지 않고는 대화의 힘을 활용하는 법을 배울 수 없기 때문이다.** 실전연습을 건너뛰며 책을 읽는 사람들도 있을 걸 안다. 그렇게 해도 책에 담긴 내용을 어느 정도 활용할 수 있겠지만, 실전연습을 하면 어떤 성과를 얻을 수 있을지 생각만 하는 수준을 넘어 삶에서 실제적인 결과를 만들어 낼 가능성이 더 커질 것이다. 과제를 전부 마칠 때쯤이면 꽉 막힌 대화를 뚫어내는 기술을 얻게 될 것이고, 여러분과 목표를 공유하는 사람들에게 그 기술을 가르칠 수도 있을 것이다.

실전연습을 통해서 여러분은 '확실한 결과'를 만드는 능력을 얻을 수 있다. 우리 워크숍 참가자 중 한 명은 수업 중 파트너와 함께 '성찰 활동'을 한 후 대화를 바꿀 수 있는 용기와 새로운 접근 방법을 찾아냈고, 성찰 리포트에 다음과 같이 썼다.

저는 수십 년간 채식주의자였어요. 가끔 예외가 있긴 했지만, 대부분 완벽하게 식습관을 지켰죠. 혼자 살 때는 채식을 유지하는 게 어렵지 않았어요. 하지만 MBA 과정을 하는 동안 경제적 부담을 줄이려고 엄마 집에 다시 들어온 작년부터 문제가 생겼죠. 우리 가족은 이란 출신이라 채식주의자로 살기 매우 어려워요. 이란 식단은 닭고기, 소고기 케밥, 양고기가 잔뜩 들어간 스튜 위주거든요.

저는 가족들에게 채식을 강요할 생각은 없었어요. 단지 지속 가능한, 동물복지 인증이 된 육류와 동물 제품을 사는 게 중요하다는 걸 이해시키려 애썼을 뿐이에요. 하지만 그 간단한 부탁마저도 효과는 없었죠. 그런데 워크숍에서 '실전연습'을 하고난 뒤 제가 부탁했던 방식이 '감정 폭발과 비난으로 점철되어 있다'라는 걸 깨달았습니다.

워크숍 다음날, 이모는 아침으로 달걀 요리를 했어요. 닭장에 갇힌 닭들이 겪는 고문과도 같은 고통에 대한 일장 연설이 목구멍까지 차올랐지만, 대신 나는 예의 바르게 달걀을 거절했어요. 제가 반숙을 좋아했던 걸 아는 이모는 제게 이유를 물었어요.

그날 아침 우리는 중국 여행에서 느꼈던 불편함에 대해 같은 의견을 나눴어요. 이모는 출장차 중국에 자주 가셨지만, 늘 우울해하며 돌아왔죠. 여행지에서 가족과 친구들을 위한 작은 선물을 챙기는 것이 중요하다는 걸 알면서도, 이모나 저나 저렴한 장신구들이 그렇게 싼 가격을 유지할 수 있는 이유가 저임금 노동자 덕분인 걸 알기 때문에 한 번도 편안한 마음으로 물건을 살 수 없었다는 이야기였어요.

사실 그런 '심각한 대화'를 할 생각은 없었는데, 문득 이모의 관심사와 저의 관심사 사이의 연결 고리를 찾을 방법이 떠올랐죠. 마침 어머니가 대화에 귀를 기울이신 김에 나는 이모가 중국에서 값싼 물건을 사기 불편한 이유와 내가 값싼 식료품을 사기 불편해하는 이유가 똑같다고 이모에게 말했어요. 처음으로 이모에게서 이해한다는 눈빛을 볼 수 있었어요. 우리는 내가 왜 지금과 같은 선택을 하게 되었는지가 아니라, 우리가 가족으로서 왜 이런 선택을 해야 하는지에 대한 대화를 시작했어요. 대화가 끝났을 때, 이모는 사도 되는 고기를 어떻게 구별해내야 하는지를 내게 물으셨죠. 다음날 집에 왔을 때 저는 냉장고에서 어머니가 사오신 자연 방사란 cage-free eggs과 유기농 우유 한 팩을 발견했어요. 정말 감동적이었습니다.

√ 이 책은 교착상태에 빠진 누군가와의 관계나 대화의 타개법을 찾는 당신의 여행을 도와줄 검증된 실전연습을 포함한 가이드 북이자 워크북이다.

√ 책을 잘 따라가며 노력한다면, 가장 중요한 문제에 대해 누구와도 효과적으로 대화할 수 있을 것이다.

√ 책의 내용을 실천하는 동안 '진지한 놀이'를 한다고 생각하라, 즉 '진지하면서도 가벼운 태도'를 가져라. 실패의 원인이었던 순간들을 마주하며 위기를 웃으며 넘길 수 있는 용기를 갖고, 그 과정을 즐겨라.

실전연습: 극복하고 싶은 교착상태는 어떤 상황인가? 내가 중요하게 생각하고 열정을 가지고 있는 문제는 무엇인가? 양극화되거나 고착화된 대화는 무엇인가? 마찰이 생길까봐 일부러 피하는 대화는 무엇인가?

차례

대화가 꽉 막히는 이유

STEP 8

더 넓은 세계로

대화가
꽉
막히는 이유

우리의 대화가 꽉 막히는 이유는 무엇인가?

대화가 교착상태에 빠지면 어떤 결과를 초래하는가?

우리가 해결해야 할 '진짜 대화'는 무엇인가?

서로 다른 생각과 가치관

아침에 일어나 뉴스를 보면 세상에 산재한 현재와 미래의 수많은 주요 문제들을 볼 수 있다. 우리는 이웃과 먼 나라에 사는 사람들이 먹고 살기 어려워졌다는 소식을 듣는다. 비만과 굶주림, 가뭄과 홍수, 화재와 폭풍처럼 대비되는 뉴스를 동시에 듣기도 한다. 많은 일자리를 창출하고 기적적인 혁신을 일으키는 기업의 이야기뿐 아니라 환경 재앙, 사회적 착취, 민주주의의 침식에 대해서도 듣는다. 그리고 우리는 커피를 쏟거나, 아이들이 쏟은 커피로 망가진 셔츠를 갈아입고 서둘러 일하러 가서 또 하루를 보낸다.

아이들, 아이들의 아이들, 인류의 미래를 생각해보면 고려할 게 참 많다. 이런 문제들은 서로 얽혀 있다. 사람들은 사회정의, 공공안전, 지속 가능성, 공중 보건 따위의 단어들을 사용해 우리가 해결해야 하는 문제들에 대해 설명하겠지만, 이런 단어들은 지나치게 추상적이다. 잠시 한발 물러나 이 문제들을 곰곰이 생각해보면 몇 가지 근본적인 질문이 떠오른다. 가장 시급한 과제는 무엇인가? 이런 문제는 왜 생겼을까? 우리는 어떻게 해야 할까?

가장 큰 문제 중 하나는 문제의 본질이나 우리가 해야 할 역할에 대한 **합의가 많이 부족하다**는 것이다. 사람마다 가장 중요하게 생각하는 가치관은 모두 다르다. 시장과 정부의 능력과 역할에 대한 견해도 서로 다르다. 과학, 종교 경전, 그 외 진리를 추구하는 방법들에 관한 판단도 서로 다르다. 문제를 해결하거나 목적을 달성하는 방법에 대해서는 말할 것도 없고, 현재 상황을 바라보는 시각 또한 사람들 간에 의견이 일치하지 않을 때가 더 많다. 우리는 뉴스에서 교착상태와 양극화에 대해 듣지만, 이는 지역사회와 조직에서도 개인이 매우 자주 겪는 일이다.

그러면 돌파구를 마련하고 합의를 이끌어내기 위해서 우리는 어떻게 해야 할까?

근본적인 공감대를 형성해야 할 수도 있다. 하지만 '사안에 대한 공감대를 형성할 시간이 있을까?' 하는 걱정도 무시할 수 없다. 긴급한 문제들이기 때문이다.

아니면 당장 변화를 일으킬 수 있는 직권을 가진 핵심 의사 결정권자들을 압박하거나 접촉해야 할지도 모른다.

혹은 같은 생각을 하는 사람들을 모아 투표, 기부, 보이콧, 책임 있는 소비 buy responsibly, 청원, 자신이 속한 조직의 대표나 지역 정치가와의 대화 등을 통해 지지율을 끌어올려야 할 수도 있다.

그러나 어떤 행동방식을 택하든 한 가지는 똑같다. 바로 사람들과의 **대화**가 필요하단 점이다.

대화가 가장 중요한 문제 해결법인 이유

세자르 차베스Cesar Chavez는 이민자 출신 농장 노동자로 미국에서 가장 위대한 인권 운동가 중 한 명이다. 한 학생이 그에게 어떤 방식으로 사람들을 단결시켰는지 물었을 때, 그는 이렇게 답했다. "먼저 한 사람과 이야기를 나누지. 그다음 다른 사람과 이야기를 나누는 거야." 학생은 다시 물었다. "그게 아니라, 어떻게 단체를 결성하셨죠?" 차베스는 다시 똑같이 대답했다. "먼저 한 사람과 이야기를 나눠. 그다음 다른 사람과 이야기를 나누면 되네."[1]

우리는 주변 사람들과 개인적인 관계를 맺음으로써 그들이 우리의 대의를 지지하도록 만들 수 있다. 이들은 우리 가족이나 이웃일 수도, 조직이나 일상에서 만나는 사람들일 수도 있다. 같은 관심사와 견해를 공유하는 사람들과 함께 대화를 나눌 경우, 우리는 그들이 우리와 함께 행동해주기를 원한다. 내가 말하고자 하는 주제에 무관심한 사람들과 대화를 나누는 일도 있다. 그럴 때 우리는 그들에게 영향을 끼쳐 관심을 불러일으킬 수 있기를 바란다. '반대편'에 서 있는 사람들과 대화를 나눌 때는 토론을 통해 그들을 설득할 수 있기를 원할 것이다. 대화의 힘을 활용한다는 것은 이런 각각의 기회들을 진지하게 받아들이는 것을 의미한다.

사람들은 대화로 사회적 문제를 해결하는 접근법에 대해 회의적이다. "불평등이나 기후변화 같은 심각한 구조적 문제를 어떻게 일대일 대화로 해결할 수 있죠?" "대기업 CEO의 말이라면 그만한 힘이 있을 수 있지만, 제 말에는 아무런 힘이 없어요." 만약 이런 생각이 지금 여러분의 머릿속에 떠오른다면, 멜리사 길더슬리

브와 바닥재 생산업체 인터페이스Interface의 지역 판매 관리자였던 그녀의 어머니 조이스 라발의 대화를 참고해보자. 조이스는 당시 워런윌슨칼리지Warren Wilson College에 다니던 딸 멜리사가 집에 왔던 날 일어났던 일에 대해 기억을 떠올렸다.

저는 식료품점에서 새로 생산한 비닐봉지를 들고 집에 왔어요. "이거 멋지지 않니? 전부 팔에 걸 수 있어서 봉투를 몇 개씩 한꺼번에 옮길 수 있어. 정말 획기적이야." 멜리사는 화가 난 듯 말을 쏟아냈어요. "굉장하네요. 엄마가 그 비닐봉지를 칭찬할 때 앞일이나 내 미래에 대해 생각하지 않았다는 점만 빼면요." 저는 정말 깜짝 놀랐어요. 비닐봉지가 무엇으로 만들어졌는지도, 그것들이 절대 사라지지 않는다는 사실도 생각해본 적 없었거든요. 비닐은 매립해도 분해되지 않아요. 그때부터 멜리사와의 대화가 시작되었죠.

폴 호켄Paul Hawken의 《비즈니스 생태학 The Ecology of Commerce》2을 읽던 멜리사가 말하더군요. "그거 아세요? 저는 쓰레기 매립지를 살펴보고 직접 방문도 하거든요. 엄마도 카펫에 대해 공부하고 그게 얼마나 많이 매립지에 버려지는지 생각해보셔야 해요. 카펫은 절대 분해되지 않거든요." 또 하나의 큰 깨달음이었어요. 제가 하는 일, 그리고 제 일의 부차적 결과로 끼치게 된 피해와 연관이 깊은 이야기였으니까요. 멜리사는 제게 그 책을 보내주더니 "다 읽으시거든 인터페이스도 이 내용을 꼭 이해할 수 있게 해주세요. 무언가 변화가 필요해요"라고 하더군요. 제가 인터페이스에서 일하니까 뭔가 할 수 있을 거라고, 적어도 문제 제기는 할 수 있을 거라고 생각한 거죠.

조이스는 매립지에 버려지는 카펫에 관해 자신이 무슨 일을 할 수 있을지는 확신할 수 없었다. 회사에서는 이런 류의 이야기를 들어본 적도 없었다. CEO인 레이 앤더슨^{Ray Anderson}의 사무실에 출입 가능한 영업 부사장과 친분이 있었던 조이스는 호켄의 책을 부사장에게 보내며 앤더슨의 책상에 놓아달라고 부탁했다.

앤더슨은 그 책을 읽었고 '재료를 가져다 제품을 만들고 소비하는^{take-make-waste}' 인터페이스 비즈니스 모델 상의 문제점을 발견했다. 그 결과 그는 환경 문제에 관해 가장 큰 목소리를 내며 역점을 기울이기 시작한 최초의 기업인이 되었다. 인터페이스 내에서 시작된 레이 앤더슨의 글과 말, 행동은 지속 가능한 비즈니스 전 분야를 발전시켰다.[3]

"그저 멜리사와의 약속을 끝까지 해내려고 노력했을 뿐이에요. 어떤 변화가 생길거란 기대는 크게 하지 않았죠." 조이스는 말했다. 이처럼 우리의 대화가 어떤 결과를 가져올지 예상하긴 힘들다. 설령 결과를 알게 된다고 해도 수십 년 후가 될 수도 있다.

자신이 사회 변화를 위해 일하는 활동가나 단체 조직가로 보이는 걸 꺼리는 사람들도 있다. 가까운 가족이나 팀 내에서 더 작은 규모로, 간접적으로 지인의 변화를 유도하거나 부드럽게 친구의 생각에 개입해 사람들을 더 바람직하고 책임감 있게 만들고 싶어 하는 이도 있다. 혹은 자신의 행동으로 '변화 그 자체'를 보여주고 싶은 이도 있다. 그러나 우리의 경험으로 볼 때 어떤 노선을 선택하든 여전히 '대화'는 필요하다. 여러분은 추구하는 가치관에 대해 사무실 동료나 가족들과 대화를 나눌 것이고, 사람들에게 지지를 부탁할 것이다. 다른 사람들에게 영향력을 발휘하기 위해 여러분이 한 일에 대해 말하고 싶을 것이다. 이런 대화를 효과적으로 할 수 있어야만 목표를 달성할 수 있다. 그리고 이 과정에서 여러분은 '자신'과도 대화를 나누게 될 것이다.

이어지는 장에서는 우리가 맞이할 미래와 우리가 만들고 싶어 하는 미래에 대한 이 모든 대화가 어떻게 진행되는지를 살펴볼 것이다. 사람들은 이런 대화가 어차피 어긋날 것이라 생각하기 때문에 피하거나 포기하는 경우가 많다. 화기애애한 저녁 식사 시간을 정치적인 이슈로 옥신각신하다 망쳤던 적도 있을 테고, 어떤 주제들은 화젯거리가 되면 논쟁을 초래할 가능성이 크다는 것을 배웠을 것이다. 내게 중요한 문제에 대해 동료, 이웃, 배우자, 부모, 친척들과 이야기하고 싶을 수도 있지만, 쓸데없는 노력이 아닐지 걱정될 때도 있다. "그래서 내가 가족 모임에서는 정치 이야기를 하지 않는 거야"라거나 "그래서 동료들과는 내 가치관에 대해 얘기하지 않지!" 등의 이야기를 듣거나 말한 적이 있을 것이다. 문제가 양극화되면 우리는 곤경에 빠지지 않도록 자신을 **보호**한다.

아이러니하게도 우리는 지지 정당이나 정치 성향에 상관없이 흔하게 친구, 친척들과 이런 난제를 겪는다. 우리가 '폭스 뉴스'와 '글렌 벡(Glenn Beck, 정치평론가 글렌 벡이 진행하는 뉴스 토크쇼)'을 즐겨보든, 'NPR(미국 라디오 전문 공영방송)'과 '데모크라시 나우!(Democracy Now!, 뉴스 보도 프로그램)'에 더 공감하든 늘 상대 진영은 부조리하며 멀게 느껴진다(폭스 뉴스와 글렌 벡은 보수, NPR과 데모크라시 나우!는 진보로 분류된다).

양극화는 여러분의 이념이 좌파에 더 가까운지, 우파에 가까운지와는 상관 없다. 양극화는 건강한 의사소통이나 서로 다른 가치관에 기반한 대화의 붕괴를 의미한다.

우리가 속한 조직에서도 사회적 영향력에 관심이 많은 그룹과, 재정적 성과에 더 관심 있는 그룹이 나뉜다. 이런 '선'을 넘으려 하면 대화는 원하는 대로 흘러가지 않는다. 그래서 우리는 대화를 아예 피하는 것이다. 어려운 대화를 시도했다가 망쳤든, 아예 완전히 회피했든, 결과는 다르지 않다. **우리는 처음부터 우리 의견에 동의한 사람들하고만 관계를 맺는다.** 같은 생각을 하는 친구와 함께, 혹은 소셜 네트워크 공간에서 '서로가 아는 뻔한 이야기'를 반복할 뿐이다.**4**

시급하고 중요한 쟁점의 경우 이래서는 문제가 해결되지 않는다. 사회정의 지지자들과 대화를 나누는 것으로는 가난이나 인권 문제를 종식 시킬 수 없다. 마찬가지로 이미 신뢰할 수 있는 환경운동가들끼리 모여서는 기후변화, 서식지 감소, 수질오염 문제를 해결할 수 없다. 공중 보건과 관련해 지지자들 밖으로 발을 내딛지 않고서는 비만을 해결할 수 없다. 작게는 개인이 새로운 습관을 만드는 일에서부터 크게는 혁신, 공공 정책의 변화에 이르기까지 모든 과제는 '변화'가 필요하다. 문제는 변화하기 위해선 지금보다 훨씬 더 많은 지지자가 필요하지만, 그만큼 충분하지 않을 때가 많다는 것이다. 우리에게 가장 중요한 문제를 효과적으로 전달해 실질적으로 '변화를 만들 대화'를 나누기란 매우 어렵게 느껴진다.

이 책의 목적은 새로운 '변화의 가능성'을 창조하는 것이다. 대화의 힘을 활용하면, 교착상태를 벗어나 양극화를 유용한 에너지로 전환해 목표를 달성할 수 있다.

대화가 잘 이뤄지지 않을 때 생기는 문제들

교착상태와 양극화의 전반적인 문제를 어떻게 하면 사람들과의 일대일 대화 수준에서 해결할 수 있을까? 먼저 우리가 개인적으로 어느 곳에서 교착에 빠졌는지 찾아야 한다.

첫째, '교착상태 being stuck'가 무엇인지부터 정의해보자. 교착상태는 설정한 목표를 달성하지 않은 채 반복적인 행동을 취하거나 또는 회피하는 것을 의미한다.

사람들이 교착상태에 빠진 사실을 항상 알아차리는 건 아니다. 초기에 생각한대로 대화가 풀리지 않을 경우 다시 대화를 시도하거나 더 열심히 노력해볼지도 모른다. 대화 중에 같은 말을 되풀이하거나 설명하려 노력할 것이다. 이후에는 표현이나 접근 방식을 바꿀지도 모른다. 외부에서 정보, 사실, 관점 등을 가져와 활용할 수도 있다. 계속해서 대화를 시도하며 '저 사람들은 왜 이해를 못 할까?' 하고 상대방 탓을 할 수도, 자책하며 '저 사람을 이해시키려면 내가 또 무엇을 해야 할까?' 하고 생각할 수도 있다.

이 시점에 이르러 사람들은 대화를 포기한다. 달성하려 했던 목표가 추구할 가치가 없거나, 혹은 적어도 지금 이야기하고 있는 사람에게는 별 의미가 없다고 판단할 수도 있다. '이제 그만하자' 하는 생각이 들지도 모른다.

하지만 정말 그렇게 생각했다면, 여러분은 이 책을 읽어보지도 않았을 것이다! 인정하자. 여러분은 여전히 해결하지 못한 문제에 대해 **신경** 쓰고 있다. 이 책을 읽는 것은 다음과 같이 우리, 그리고 다른 독자들과 비슷한 목표를 가지고 있기 때문일 것이다.

- 공공의 이익을 위해 능동적으로 행동하거나 다른 사람들을 동참시키고 싶다.
- 주변 사람들과 그들의 삶이 번창하기를 바란다.
- 나와 주변의 삶이 번창하기를 원한다.

교착상태라는 건 반복적으로 어떤 대화를 나누거나 혹은 반복적으로 대화를 피함으로서 목표를 달성할 수 없는 상황을 의미한다. 교착상태에 빠지면 다음과 같은 결과 및 손해를 입는다.

- 능동적으로 행동할 기회를 포기해야 한다.
- 다른 이들을 동참시키거나 그들에게 영감을 주지 못하고, 오히려 강한 저항을 불러일으킨다.
- 주변 사람들과 잘 지내지 못하고 고통을 겪는다.
- 관계가 돈독해지지 않고 오히려 멀어진다.

이는 우리가 나쁘고 형편없으며 끔찍한 사람이라 그런걸까? 물론 아니다. 그저 교착상태에 빠진 것뿐이다. 우리의 목표는 여러분이 의미 있는 목표를 정하고 그것을 달성하는 데 유익한 도움을 주는 것이다. 이를 위해 먼저 우리는 교착상태에 빠진 특정 상황부터 살펴볼 것이다. 실전연습1에 적었던 대화 중 하나를 선택해 좀 더 깊이 생각해보자.

진정성 있고 살아있는 대화에 집중하기

사람들이 좀 더 유능한 옹호자advocate와 지도자가 되는 방법을 배우러 찾아올 때마다, 우리는 그들에게 교착상태에 빠졌던 대화에 대해 생각해보라고 말한다. 어떤 사람들은 그들에게 중요한 대화를 매우 구체적이고 단도직입적으로 제시한다. 그러나 대부분은 질문을 '회피'하는 자세를 취한다. 사람들이 실생활에서 중요한 진짜 대화를 피하는 데 능숙하다는 것을 미리 경고하는 이유다.

당신은 특정한 사람과 나누었던 특정 대화를 되돌아보지 않기 위해 "제가 경영진과 이야기할 때…"와 같이 대화 상대를 어떤 집단이나 계급으로 두루뭉술하게 언급하고 싶을지도 모른다. 혹은 "제가―실제로는 한 번도 가보지 않은 지역의―도지사와 얘기해볼 수 있다면…"처럼 손쉽게 가공의 대화를 만든 후 '진짜'처럼 이야기할 수도 있다.

워크숍에서 우리는 사람들이 특정인과 20여 분간 나눴던 특정 대화에 대해 말한 후, 그 사람이 이미 사망했거나, 수년 전 회사를 떠났거나, 더 이상 자신들과 관련이 없다는 사실을 나중에서야 밝히는 경우를 많이 봤다. 만약 누군가를 지나가다 잠시 만났을 뿐이고, 이름조차 모르며, 찾으려야 다시 찾을 수도 없는 사람이라면, 그와 나눴던 대화는 개선하기 위해 노력할 필요가 전혀 없다. 그런 대화는 비현실적일 뿐 아니라 '살아 있는' 대화의 예시가 아니다. 여러분에게 중요한 진짜 대화를 개선하는 어려운 일을 수행하는 데 방해가 되거나 혼선을 줄 뿐이다. 늘 진실해야 한다.

해결할 가치가 있는 대화 찾기

1단계. '진짜 대화' 식별하기

더 나은 세상을 만드는 일에 대해 나눈 대화 중 여러분이 원하는 대로 전개되지 않았던 '진짜' 대화를 골라보자. 단순히 목표를 달성하지 못했을 수도 있고, 대화나 관계를 중단한 방식 때문에 불안함을 느끼게 되었을 수도 있다. 실전연습1에서 살펴본 '교착상태에 빠진 대화'들 중에서 진짜 대화를 찾아보자. 진짜 대화의 특징은 다음과 같다.

- 이름을 아는 특정인과 나눈 대화다.
- 실제로 특정 장소와 시간에 나눈 대화다.
- 최근 일이며 내가 떠올릴 수 있는 일이다. 상대방은 살아 있으며 여전히 나와 관련 있다. 나는 그 사람을 만나거나 적극적으로 피하고 있다. 그 사람에게 연락할 수 있거나 연락이 닿는 사람을 안다.
- 나와 관련이 있을 뿐 아니라 내게 중요하다. 깊이 생각해 본 후 새로운 결과를 만들 만한 가치가 있다.

진짜 대화를 찾은 다음, 아래 질문에 대한 답을 노트에 적어보자.

- 이 대화를 나눈 사람은 누구인가?

- 이 사람과 어떤 관계인가?
- 이 대화가 나에게 왜 중요한가?
- 내가 달성하려는 목표는 무엇인가?
- 언제, 어디서 대화를 나누었는가?
- 지금까지의 대화에서 어떤 말들을 했는가? 대화를 노트에 적어보자. 우리 기억은 종종 편향되거나 불완전하다. 눈을 감고 대화를 회상해보면 내가 말하고 들은 것을 있는 그대로, 자세하게 기억하는 데 도움이 된다.

이 연습은 앞으로 여러분이 수행할 모든 활동의 근간이기 때문에 매우 중요하다. 떠오르는 예가 몇 가지 있다면, 이 연습을 반복하며 궤도에서 벗어난 몇몇 구체적인 대화를 식별하면 된다. 여러 가지가 떠올라 하나만 골라 적고 건너뛸 생각이라면, 우리가 앞서 말한 갈등 상황을 회피했을 때의 대가를 떠올려라.

2단계. 회피했던 대화들 살펴보기

1단계에서는 원하는 대로 흘러가지 않았던 대화에 대해 생각해봤다. 이것들은 중요하지만, 이게 전부는 아니다. 우리는 이미 실전연습1의 세 번째 항목에서 '회피'했던 대화들을 찾아봤었다.

'말해봤자 달라질 것도 없다'라는 생각 때문에 많은 대화를 회피하고 있다는 것을 명심하라. 위태로운 대화의 종류가 무엇이든, 이처럼 사람들의 '대화를 회피하는 능력'은 매우 뛰어나서, 회피한 대화의 대부분은 기억조차 못한다. 물속에서 헤엄치는 물고기가 물을 의식하지 못하듯, 여러분 역시 이런 대화 사이에서 헤엄치면서도 전혀 의식하지 못한다.

지금, 그리고 다음 한 주 동안, 내가 회피하고 있는 대화에 주목해보자. 곧바로 기록으로 남길 수 있도록 작은 노트를 가지고 다니거나, 휴대폰의 녹음 기능을 사용하거나, 스스로에게 이메일을 보내보자.

예를 들어 당신이 식량을 생산하는 바다와 농장의 환경에 큰 관심이 있다고 해보자. "이 생선은 어디서 잡힌 거죠?" "이건 유기농인가요?" 등의 질문을 던질 것이다.

이제 그런 질문을 하지 않는 상황에 주목해보자. 아마도 대화가 수월하게 이뤄질 곳에서는 질문을 하지만, 대화가 불편할 것 같은 곳에서는 질문을 하지 않는다는 걸 알게 될 것이다. 실은 이런 곳이 '진짜 변화를 만들어낼 수 있는 곳'인데도 말이다. 부정적인 영향을 일으킬만한 행동, 예컨대 성차별적인 발언을 하거나 쓰레기를 함부로 버리는 행동을 하는 사람들을 보거나, 사람들에게 긍정적인 영향을 줄 기회를 놓칠 때를 생각해보자. 여러분이 관심사를 대화의 주제로 삼았을 때는 언제인가? 그리고 회피했던 때는 언제인가? 특정한 집단의 일원들과 함께 있을 때, 여러분에게 중요한 문제를 거론할 때와 그렇지 않을 때는 각각 언제인가?

정치에 대해 자주 토론하는 친구나 가족이 있는지, 그리고 반대로 정치 이야기를 피하게 되는 사람들이 있는지 생각해보자.

앞 문장의 '정치'는 다른 말로 대체할 수 있다. 여기서 '정치'는 양육이나 일, 가치관 등 나에게 의미 있는 주제로 바꿀 수 있다. 나에게 가장 의미 있는 일에 관해 이야기를 나누는 사람은 누구인가? 그런 주제에 관해 이야기하지 않는 사람은 누구인가?

회피한 대화들을 수집하고 나면, 중요한 대화를 하나 선택해서 여러분이 피하고 있는 대화와 관련된 1단계의 질문에 답해보자.

우리의 목표는 독자들이 교착된 대화를 찾고 '진정한 대화'를 함으로써 문제 상황을 돌파하도록 돕는 것이다. '진정한 대화'가 왜 교착상태에 빠진 대화를 해결하는 좋은 접근 방식인지 보여주기 위해 먼저 두 가지 대체 전략을 소개할 것이다. **파워플레이**power play 와 **프레이밍**framing이다.

대화 전략1. 파워플레이

교착상태에 빠진 대화에서 사용되는 몇몇 전략들은 '파워플레이'로 규정할 수 있다. 상대방과 깊이 교류하지 않고도 목표를 달성하는데 도움을 줄 수 있는 말과 행동이다. 파워플레이의 예시는 다음과 같다.

- 더 높은 지위에 있거나 영향력 있는 사람에게 접근한다
- 상대를 압박하고자 돈이나 인센티브 등의 수단을 이용한다.
- 당사자가 영향력 있는 위치에서 내려오거나 문제가 중요해지지 않을 때까지 기다린다.
- 공략 대상을 선별한다. 한 가지 이슈를 제쳐두고 남은 시간, 자원, 정치 자본 등을 다른 문제에 투입한다.
- 변화 가능성이 전혀 보이지 않으면 상황에서 빠져나온다.

이 책에서 이 모든 전략을 꼼꼼하게 다룰 수는 없다. 이 전략들이 여러분의 상황에 잘 맞는 것 같다면, 권력과 정치를 탐구하는데 도움을 줄 수 있는 다른 책들이 있으니 참고하라.**5** 하지만 이런

방법이 당신이 처한 상황에 잘 적용되지 않거나 목표를 달성하기에 부족하다고 생각된다면, 다음 중 하나라도 여러분에게 해당하는지 자문해보자.

- 내게 마음대로 행사할 수 있는 권력이 없으며, 자원이나 권한도 부족하다.
- 상대방의 힘을 빼앗고 싶지 않다.
- 문제가 중요하거나 시급하므로 상황을 종료하고 싶지 않다.
- 나의 가치관을 공유함으로써 다른 사람들에게도 변화를 일으키는 영향력을 발휘하고 싶다.
- 상대방에게 큰 인간적 호감을 느끼고 있다.
- 창의적인 대화에서 나올 수 있는 더 위대한 무언가를 찾고 있다.
- 소수 집단의 견해를 지지하고 있거나, 혹은 다른 사람들이 나의 대의명분에 동의하도록 설득하고 싶다.

여러분의 상황이 위의 조건 중 일부와 일치한다면, 아마도 파워 플레이 외의 다른 접근법에 관심 있을 것이다. 힘과 영향력을 사용하는 전략은 대안으로 가지고 있되,6 관계를 유지하며 더 좋은 결과를 내는 방법을 선호할 것이다.

대화 전략2. 프레이밍

다음으로 마주하게 될 전략은 좀 더 섬세한 형태의 영향력이며, 장단점이 있다. 우리는 이를 '프레이밍' 또는 '변형 translation' 전략이라고 부를 것이다. 많은 책과 컨설턴트들은 비즈니스에서 다양성, 지속 가능성, 사회적 책임을 고려하는 것이 중요하다고 말한다. 그들은 여성, 소수 민족, LGBT(레즈비언, 게이, 양성애자, 트랜스젠더의 앞글자를 딴 것으로 성적 소수자를 의미) 사회에 더 우호적인 조직을 만들면 인재풀 talent pool이 더 풍부해진다고 주장하며, '녹색' 정책이 비용을 절감함으로써 '금빛'이 될 수 있다는 것을 보여줘야 한다고 말한다.[7] 사회적 책임 social responsibility이 직원 참여도나 충성도를 높일 수 있다고도 말한다.

이런 생각 대부분은 정치 운동의 언어와 개념을 연구했던 언어학자 조지 레이코프 George Lakoff로부터 시작되었다.[8] 그는 우리의 목표가 다른 사람들의 가치관과 일치하는 것처럼 보이게 하는 '프레임'과 메타포 metaphor를 사용해야 한다고 제안했다. 우리는 상대방의 언어를 사용해야 한다. 이런 전략은 유용하며 대화의 퍼즐에서 가장 중요한 조각이다.

우리가 말하는 프레이밍의 의미를 보여주는 예가 있다. 휴렛팩커드엔터프라이즈 HPE, Hewlett Packard Enterprise의 존 프레이는 우리가 이 책을 위해 인터뷰한 워크숍 참가자였다. 그는 지속 가능성 전략을 연구하며 HPE솔루션을 사용하여 사회 및 환경 성과를 개선하는데 도움이 될 수 있도록 HPE의 고객과 소통하는 업무를 담당하고 있다. 초기에 그는 고객 대상 프레젠테이션에서 회사의 업무와 업적에 관해 설명했다. 존은 프레젠테이션에서 HPE의 자선 활동과 탄소 배출량을 줄이기 위한 회사의 노력에 관해 이야기하며 HPE 노력에 고객들이 감동하기를 기대했다.

이야기하는 와중에 사람들이 점점 멍해지는 모습을 보게 되었죠. 이메일을 쓰는 사람, 잠에 빠지기 직전인 사람들도 있었죠. 슬라이드를 넘기면서 동시에 속으로 생각했어요. '도대체 왜 이렇게 된 거야? 왜 이런 실수를 하게 된 거지? 나는 분명히 이 일에 열정이 있는데, 왜 내가 흥미 있는 일에 다른 사람들은 관심이 없는 걸까?' 제게는 한발 물러서서 '아하!' 하고 깨달음을 얻게 된 순간이었어요. 말하자면 저는 프랑스어밖에 모르는 사람들에게 영어로 이야기를 하고 있었던 거예요! 아무도 집중하지 못하는 것이 당연했죠.

이 경험에 자극을 받아 존은 자신의 접근 방식을 재고하게 됐다. 고객들의 브리핑 자리에 종일 앉아 고객들 각각의 문제를 더잘 이해하려 노력했다. 그는 질문을 던지며 고객들의 말에 귀를 기울였고, 고객의 구체적인 필요에 따라 메시지를 '프레이밍'하기 위해 노력했다.

제가 이런 노력을 시작하자, 사람들이 주의를 기울이기 시작했습니다. 저는 그들의 '언어'만 사용한 것이 아니라, 고객의 사업계획을 참고해 이런 식으로 이야기했죠. "귀사의 사업계획에는 이런 도전 과제가 있는 것으로 보이는데, 제가 어떻게 도움이 될 수 있을지 잠시 말씀드려도 될까요?" 고객과 우리 회사 사이에 더 깊은 연결성과 신뢰도가 생긴 덕분에, 고객들이 지속 가능성과는 전혀 연관 짓지 못했던 것들에 가치를 부여하는데 훨씬 도움이 되었습니다.

이 책에는 이런 '변형 전략'에 관한 훌륭한 사례들이 소개되어 있다. 효과가 있었던 방식을 연구하고 모방해도 좋다. 존은 '지속 가능성'이란 키워드에 얽매이지 않고 HPE의 '효율적인 IT'를 위해 그가 개발한 언어와 브랜딩을 사용하도록 부서 전체를 교육하고 있다.

프레이밍 접근법은 여러분이 처한 상황에서도 효과적일 수 있다. 여러분도 시도해보기를 바란다. 그러나 STEP5와 STEP7에서 프레이밍의 개념에 대해 다시 살펴보겠지만 이 책의 주안점으로 삼지는 않을 것이다. 문제가 양극화되고 교착상태에 빠졌을 경우 변형과 프레이밍 접근법이 반복적으로 문제가 되는 네 가지 경우 때문이다.

첫 번째 문제는 다른 사람들의 목표에 맞추기 위해 우리의 어젠다를 리프레이밍reframing하지만, **실제로는 내가 변형된 목표에 대해 크게 관심이 없을 때** 발생한다. 예를 들어 단기적인 비용 절감을 위해서는 에너지 효율을 프레이밍해야 한다는 것을 알지만, 실제 관심사는 기후변화를 막을 기회라고 해보자. 이런 경우, 우리의 어젠다는 거짓으로 보일 수 있고, 올바른 프레임 안에서 그때그때 적절한 말을 하는 것이 훨씬 어려울 수 있다.

두 번째로 신중하게 프레이밍한 주장을 우리가 무언가 속이고 있다고 의심해 다른 사람들이 믿지 않을 수도 있다. 혹은 자신이나 자신이 속한 집단의 주된 동기에 대해 그들이 불신해왔을 수도 있다. 사람들은 보통 자신이 조종당하고 있다는 것을 쉽게 알아차릴 수 있다.

세 번째로 다른 사람들이 우리가 신중하게 프레이밍한 주장에 반대하면 좌절하기 쉽다는 것이다. 우리는 격론을 벌이게 되기도, 논쟁이 두려워 아예 대화를 회피하기도 하며, 종종 '다른 사람들은 이해 못 해'라는 뻔한 이야기를 하는 낡고 오래된 습관을 다시 꺼내기도 한다.

네 번째 문제는 지금까지 특정 상황에서 프레이밍을 시도한 사람이 없으므로 어떤 프레이밍을 사용해야 하는지 모를 경우도 있다는 것이다. 사람들은 민주당 지지자, 공화당 지지자, 최고재무책임자chief financial officer들이 어디에 관심이 많은지 잘 알고 있다고 생각하기 마련이다. 하지만 그만큼 충분한 정보를 아는 경우는 드물다. 그들과 깊은 대화를 나눈 적도 없다. 혹은 이 조직, 이 사람, 이 상황에 맞는 구체적인 프레이밍이나 변형 전략을 아직 수립하지 못했기 때문에 시도가 실패할 수도 있다.

이 책의 목표는 모든 논쟁에 대응할 수 있는 화두가 있는 시나리오를 짜는 것이 아니다. 머리말에서 밝혔듯, 갈등 상황인 대화를 풀어나가기 위해서는 '해야 할 말'을 찾는 것이 아니라 우리의 '존재 방식', 즉 태도를 변화시키고, 창조적이며 진정성 있는 새로운 **접근 방식**을 위해 우리 자신에게 자유를 주고 좀 더 근본적인 변화를 이뤄내는 일이 필요하다.

진정성에 대한 새로운 관점의 필요성

이 여행의 핵심 단계는 진정성에 대한 새로운 관점을 발견해 문제 상황에서 유용한 대화법을 찾는 것이다. 진정한 대화를 통해 다른 사람과 연결될 때, 우리는 지금까지 상상했던 것보다 더 나은 세상을 향해 나아갈 수 있다. 하지만 그러려면 대화를 예측 가능한 위험으로 몰아가는 거짓의 근원과 맞서야 한다. 우리는 여러분이 위험한 지역을 통과하는 길을 찾는 데 도움을 줄 수 있도록 이 책을 구성했다.

STEP2에서는 우선 진정성에 대해 자세히 살펴볼 것이다. 사람들은 누군가가 과거와 일관된 행동을 보일 때 '진정성'이라는 단어를 쓴다. 그러나 이런 생각이야말로 우리를 꼼짝 못하게 가둔다. 이는 예측 가능한 패턴에 우리를 가둬두고, 과거의 분열과 갈등을 재현한다. 우리는 여러분이 만들고 싶은 미래와 현재의 여러분이 일치하는, 새로운 진정성을 경험할 수 있도록 도울 것이다. 패턴을 깨기 위해서는 타인과 우리 자신에게 거짓이었던 순간들을 인정해야 한다. 그렇게 함으로써 우리는 가치관과 일치하는 새로운 대화를 시작할 수 있다. 이어지는 다섯 장의 STEP에서는 그런 대화를 하기 위해 거쳐야 할 일련의 단계들을 보여줄 것이다.

새로운 대화의 가능성을 찾아서

사회운동가나 기업인들이 진정성 있고, 정직하고, 감동을 주며, 개방적이고, 영감을 주고, 힘 있고, 친절하고, 인정 많은 이미지를 가지고 있다고 상상해보라. 사회적, 환경적 변화를 향한 운동에 있어 완전히 새로운 담론이 가능해질 것이다. 여러분의 행동은 모든 생명의 번영을 향해 가는 과정에서 소속된 모든 사람에게도 번영의 원천이 될 것이다. 그렇게 되면 여러분의 노력은 사람들의 눈길을 끌고 범위를 넓혀가며 여러분이 원하는 세상을 만드는데 필요한 성질과 규모로 성장할 것이다.

그 과정에서 삶에서 가장 중요한 사람들과의 관계도 개선될 것이다. 이렇게 확장된 관계는 여러분이 가져올 변화의 토대가 될 것이고, 스스로에게도 활력을 불어넣을 것이다. 지금까지 우리는 이런 놀라운 결과를 봐왔다. 치유와 성장이 지칠 줄 모르는 옹호자들에게 꼭 필요한 자양분이 되어주는 것도 목격했다.

시작점은 자신을 되돌아보는 일이다. 머리말에서 말했듯, 이 책은 하나의 여행이다. 각 장은 여러분에게 중요한 대화를 관찰하고, 분석하고, 변화시킬 수 있도록 도울 것이다. 실전연습을 해나가다 보면, 곧 대화의 힘을 활용할 수 있을 것이다.

√ 문제의 본질이나 해야 할 역할에 대한 합의가 크게 부족하다.

√ 대화는 모든 행동과 문제 해결 방식에서 반드시 필요하다.

√ 큰 문제에 관한 대화는 종종 교착상태에 빠진다. 교착된다는 것
  은 우리가 정한 목표를 달성하지 않은 채 반복적으로 행동을 취
  하거나 회피한다는 것이다. 우리가 신경 쓰는 문제에서 교착에
  빠지면 늘 손실이 따른다.

√ 고착된 문제나 대화에 접근하는 다른 방식으로는 파워플레이,
  프레이밍, 변형이 있다. 이 책은 더 나은 세상을 만들기 위한 진
  정한 대화의 힘과 가능성을 탐구한다.

──────

실전연습: 이어지는 장에서 더 깊이 들여다보고 탐구할 살아 있는
'진짜 대화'를 하나 선택하라.

2

진정성과 거짓 구분하기

교착상태의 원인이 되는 '일관성'이란 무엇인가?

'정적인 진정성'과 '역동적인 진정성'은 어떤 차이가 있는가?

효과적인 대화를 위한 '진정성'은 무엇인가?

진정성과 일관성의 관계

이 책의 한가운데에 진정성 authenticity이란 주제를 배치하는 큰 위험을 무릅쓰는 이유는, 대중문화가 이 단어를 다양한 의미로 사용하고 있기 때문이다. 한 독자는 "프란치스코 교황과 도널드 트럼프의 열렬한 지지자들이 두 사람을 모두 '진정성 있다'고 이야기하는 걸 보면, 이 단어가 대체 무슨 뜻인지 모르겠어요."라고 말하기도 했다.

여기서 잠시 멈추고 다음 질문을 생각하며 메모를 해보자. 여러분이 생각하는 '진정성 있는 대화'는 어떤 것인가?

실전연습 3

내가 생각하는 진정성이란 무엇인가

- 나의 삶에서 진정성 있다고 생각하는 사람은 누구이며 그 이유는 무엇인가?
- 진정성이나 거짓이라고 느낀 사람들의 말과 행동은 어떤 것인가?

대부분의 사람들은 자기 생각을 솔직하게 말하고, 태도가 분명하고, 말과 행동에 일관성이 있는 경향을 '진정성'이라고 말한다. 운동가 입장에서 진정성이란 확신과 끈기가 있으며 변명하지 않는 것을 의미하며, 약간의 의심이나 동요라도 느껴지면 침묵을 유지하는 것이라 생각한다. 어떤 문제에 대한 강한 확신은 텔레비전 토론쇼를 재밌게 만들 수는 있지만 교착상태를 해결하는 데에는 큰 도움이 안 된다. 대화, 학습, 혁신의 가능성은 차단되고 불필요한 마찰이 생길 수 있다. 크게는 영향력이 큰 활동가들 사이에 양극화를 불러오고, 대부분의 사람들이 침묵하게 만든다.

진정성을 바라보는 이런 시각은 **과거와의 일관성**에 근거를 둔다. 옥스퍼드 사전의 '진정성'에 대한 첫 번째 정의는 '전통적이거나 본연의 방식, 또는 원래의 모습과 정확히 닮은 방식으로 만들어지거나 수행되는 것'이다. 우리는 진정성 있는 사람들이 우리가 봐온 그들의 행동, 말, '본바탕'과 일치하는 방식으로 행동할 것이라고 짐작한다.1 이건 좋은 일일 수도 있다. 공동체, 조직, 이상 ideal을 지키겠다는 의지를 보이고 그 의지를 끈기 있게 유지한다. 사람들은 그들이 무엇을 해낼 수 있을지 알고 있으며, 그들에게 의지할 수 있다. 그들은 자신이 한 말을 지킨다. 이런 의미에서 과거와의 일관성은 진실성이나 기존 관계를 유지하는 데 있어 중요할 수 있다.

교착상태의 원인이 되는 일관성

문제는 과거와의 일관성이 반복적인 대화나 행동 패턴에 여러분을 가둠으로써 새로운 미래를 창조하는 일에 방해가 될 수 있다는 것이다. **어떤 문제들에 대해 논쟁을 벌일 때 얼마나 자주 같은 말이나 이야기를 반복하는가?** 만약 당신이 얘기했던 화두를 돌이켜본다면 과거의 대화를 재활용했다는 사실을 깨달을 것이다. 대화에 사용한 재료는 주로 부모나 형제, 친구나 동료, 신문이나 잡지 기사, 통계수치 등에서 나왔을 것이다. 일관적이고 반복되는 대화는 양극화와 교착상태를 지속시키는 원인이다.

만약 당신이 새로운 경험을 하고, 새로운 정보를 배우며, 당신의 관점을 비판하는 사람들을 만나면 어떻게 될까? 이런 상황에서 과거를 고수하는 자세는 진정한 자기표현을 방해한다. 여러분이 해온 대화가 원하는 결과를 만들어내지 못하고 있다는 것을 발견한다면 어떨까? 일관적인 태도는 원하는 미래를 창조하는데 부족하거나 심지어 위협이 될 수도 있다. 과거와의 일관성은 당신이 달성하려는 대화에 방해가 된다.

간단히 말해서, 과거에 기초한 진정성에 대한 정의는 경직되어 있고 **정적**static이다. 정적인 진정성은 잠시 제쳐두고 **역동적인**dynamic 진정성에 대해 생각해보자.

정적 진정성 VS 역동적 진정성

여러분은 어쩌면 이 책의 저자들이 무슨 자격으로 진정성에 관해 이야기하는 것인지 의문을 가질 수도 있다. 사실 사람은 **모순적**

인 태도와 욕망으로 똘똘 뭉쳐 있다. 이 책을 쓴 우리들만 해도 그렇다. 장기적인 해결책을 원하는 동시에 당장 결과를 봤으면 한다. 지구상의 모든 사람이 잘 살기를 바라는 동시에 길거리에 쓰레기를 버리는 사람들을 몰아내고 싶어 한다. 우리는 사회적 형평성을 원하는 동시에 개인적으로는 부유해지고 싶어 한다. 자주적인 결정을 통해 행동하고 싶은 동시에 옳은 일을 하도록 강요받고 보상받기를 원한다. 불필요하게 큰 자동차를 운전하는 사람이 없기를 바라는 동시에 두 사람 다 육류 기반으로 가공된 식품을 주로 먹는, 탄소 배출량이 많은 개를 키우고 있다.2

여러분이 위 단락을 읽으면서 살짝 웃었거나 우리 두 사람의 모순이 인간적으로 느껴졌다면, 여러분은 이 책의 기본적인 전제를 인지하고 있다고 봐도 무방하다. 우리가 이런 모순, 즉 보통은 드러내지 않는 우리 내면의 갈등을 표현할 때, 우리는 다른 공간을 창조할 수 있게 된다. 우리의 결점, 성장 과정이 드러나고, 이로써 우리 내면이 대화 속에서 숨 쉬게 만들어지는 것이다.

내면의 갈등을 드러내는 건 의외로 어렵지 않다. 우리는 복잡한 인간이다. 우리는 모두 사랑하고 각성하며 용기를 발휘할 수 있는 큰 능력을 가지고 있다. 안전하게 지내고 좋은 외모를 유지하려는 강한 의욕을 가지고 있고, 힘든 일은 피하고 싶으면서도 재미로 산을 오른다. 나를 비판하는 사람들을 비판한다. 이기고 지배하며 통제하려고 노력하면서도, 소속감을 느끼고 사랑받고 이해받고 싶어 한다.

사람들이 '정치 성향'을 넘어 함께 번영하고 혁신을 이루는 곳에

정적 진정성과 역동적 진정성

정적 진정성	역동적 진정성
• 자기 생각과 의견을 말하는 것 • 과거와의 일관성 • 모든 진술의 일관성을 유지하며 핵심적이고 영구적인 자아를 고수함 • 양극화된 확실성 • 경직되어 있음. 다른 사람들의 영향력이나 비판에 반응하지 않음 • 사과하지 않음	• 개인적인 이야기와 그를 바라보는 관점을 공유. 관점이 바뀔 수도 있다는 것을 인정 • 자신이 원하는 미래와 조화를 이룸 • 학습, 발전, 성장 과정에 중점을 둠 • 양가감정, 생산적 갈등, 불확실성 탐구를 허용함 • 배움을 개방적으로 받아들임 • 우리가 되고자 하는 존재와의 차이점 인정

서는 역동적이며 살아 있는, **다른 종류의 진정성**이 작용하는 것으로 나타났다. 지금까지의 여러분의 모습을 고수하지 말고, 여러분이 어떤 사람이 될 수 있을지 모르는 채로 여러분의 성장에 충실한 모습을 상상해보라.3 '과거와의 일관성'을 유지하는 대신, 여러분이 진정으로 원하는 '미래와 일관성'을 유지한다고 생각해보라. 확실성에 닻을 내리는 대신 끊임없는 탐구의 파도를 타는 모습을 그려보라. 여러분과 의견이 일치해왔는지 아닌지와 상관없이, 모두 같은 인간이라는 사실과 함께 창조할 미래를 바탕으로 사람들과 관계를 맺는 것을 상상해보라. 역동적인 진정성에 대한 이 생각은 '실존주의 철학에서 말하는 정서적으로 적절하고, 의미 있으며, 책임감 있는 인간의 존재 방식'4이라는 옥스퍼드 사전에서의 '진정성'에 관한 세 번째 정의에 더 가깝다.

이 책의 목적을 뒷받침하기 위해서, 다음과 같은 정의를 사용해보겠다.

'진정성'은 자신이 만들고자 하는 세상과 일관성을 유지하기 위해 노력하는 동시에 그에 상충하는 말이나 행동을 솔직하게 인정하는 것이다.

여러분이 진정성에 대한 새로운 개념에 어떻게 반응하는지 살펴보자. 기본적으로 예측할 수 없는 미래를 향해 성장 지향적인 태도를 보이겠다고 생각할 때, 어떤 기분이 드는가? 사람들이 자신의 모순된 감정과 결점을 이야기하고, 자신들의 거짓을 인정한다고 상상하면 어떤 기분인가? 한편으로는 그 생각에 자극과 영감을 받고 흥분될지도 모른다.

물론 역동성이 야기하는 불확실성이 두려울 수 있다. 진정성을 정적인 것으로 생각했을 때, **'진정성 있다'는 말은 '내가 누구인지 안다'**는 말과 동일하다. 그런데 **역동적인 진정성은 내가 누구인지, 혹은 어떤 사람이 될 수 있는지를 모르는 상황과 필연적으로 맞닥뜨리기 때문이다.** 사람들은 대개 모호하거나 불확실한 걸 불편해 한다. 여러분 역시 이런 경험을 '적극적으로' 피하려 할 것이다. 이 새로운 개념이 불편하거나 당황스럽더라도 괜찮다. 내가 느끼는 불안함을 살아 있다는 것을 알려주는 정상적인 신호라고 생각하라. 불안함은 성장과 미지의 영역을 탐구하게 하는 한 부분이다.

진정성에 대해 다시 살펴보기

실전연습3으로 돌아가서 여러분이 생각하는 진정성의 개념을 다시 살펴보자. 여러분이 적었던 특징 중 과거를 가리키는 것은 무엇인가? 충실함, 진실성, 일관성에 대해 언급했는가? 그렇다면 무엇에 충실한 것인가? 어떤 기준에 따라 진실한 것인가? 무엇에 일관성이 있는가? 원래의 모습과 일치하는 것이 진정성이라고 적었는가? 스스로 생각하는 자신의 모습에 충실한 것이 진정성이라 적었는가?

이것들은 모두 진정성에 대한 전형적인 사전적 의미로 모두 과거를 가리킨다. 이제 역동적 진정성에 대해 생각해보자. 솔깃하게 들리는가? 불편한가? 양쪽 다인가?

생각과 의견을 말했지만 원하는 결과를 얻지 못했던 때를 떠올려보자. 모든 것을 알고 있지는 않다는 것, 배우고 성장하는 과정에서 여러분의 의견이 바뀌리라는 것을 아는 상태에서 여러분의 이야기, 관점을 말하는 것은 어떤 느낌이었을까?

자신의 과거에 대한 판단도 내가 배우고 성장함에 따라 변하리라는 것을 인정하는 상태에서 여러분의 이야기, 여러분이 누구인지에 대한 이야기를 하는 것은 어떤 느낌일까?

여러분의 삶에서 역동적 진정성이 있다고 생각하는 사람은 누구이며, 그 이유는 무엇인가?

역동적 진정성이 나타났다고 생각되는 최근의 특정한 대화가 있는가? 정확히 무슨 이야기였고, 누가 그 말을 했는가? 대화가 진행되는 동안과 그 이후 여러분은 무엇을 느꼈는가?

'진정성에 이르는 길은 우리의 모순을 인정하는 것이다'라는 역동적 진정성의 기본은 우리가 이 책에서 탐구할 **핵심적인 역설**이다. 원하는 미래에 모습을 맞춰나가는 것이 진정성이라면, 어긋난 부분들을 찾는 것은 성장하기 위해 거쳐야 할 단계다.

모순을 발견해줄 동료의 필요성

이제 우리는 역동적 진정성을 가지기 위해 선행돼야 할 모순을 확인하는 방법을 살펴볼 것이다. 또 중요한 문제에 사람들을 참여시키기 위해 여러분이 노력했던 상황을 생각해볼 것이다. 여러분의 행동, 말, **존재 방식**이 여러분의 목표와 일치하지 않았던 순간들도 돌아볼 것이다. 이런 상황들이 아직 밖으로 드러나지 않은 여러분의 내적 모순에 대해 무엇을 말해줄 수 있을까? 거짓된 순간을 인식함으로써 우리는 자신을 좀 더 완전하고 효과적으로 표현할 기회를 가질 수 있다.**5**

스스로의 모순, 거짓을 인정하고 발견할 때, 새로운 가능성이 시작된다. 아이러니하게도 우리의 숨겨진 자아는 다른 사람들로부터 우리를 떼어놓는 대신, 더 가깝게 해준다! 우리는 자신의 불완전함과 혼란스러운 속마음에 대해 이야기하며 웃게 된다. 바로 거기서부터 새로운 것, 더 나은 세상을 향한 참신하고 진정성 있는 대화를 나눌 수 있는 공간이 만들어지기 시작한다.

그러나 아무런 도움 없이 자신의 모순을 발견하기란 거의 불가능에 가깝다. 서론에서 이 책을 '진지한 놀이'에 비유했는데, 이 놀이는 팀 스포츠다. 자신을 돌아보기 위해서는 우리가 어떤 식으로 까다로운 대화에 접근하는지 앞에서 거울을 들고 우리를 비춰줄 친구의 도움이 필요하다.

아직 그런 친구를 선택하지 못했다면 이 책을 읽어가는 동안 함께할 친구, 동료, 혹은 여러 사람을 찾을 것을 강력히 권한다. 코치가 되어줄 수 있는 존재를 찾아보자. 여러분이 빠져드는 함정을 바로 알아볼 수 있고, 이를 거리낌 없이 지적할 수 있으며, 이 여행의 동반자가 되어줄 사람을 찾아보자. 여행에 합류하기를 원하는 코치가 있을 수도 있다. 서로의 삶에서 각각 다양한 상태로 마주할 교착상태를 뚫고 나갈 수 있도록 서로를 도우며 함께 노력할 사람을 찾아보자.

우리는 대화를 통해 진정성을 개발하고 성장시키는 과정을 경험했다. 우리는 여러분이 새로운 결과를 만들고자 하는 굳은 의지의 씨앗을 심길 바란다. 서로 지지하며 '파트너' 관계에 뿌리를 내리고 결점을 받아들이며 자신을 스스로 탐구해라. 그런 다음 밖으로 나아가 새롭게 어려운 대화를 시작하는 것이다. 끈기 있게 노력한다면 새로운 이해와 창의적 결과물이라는 결실을 얻게 될 것이다.

워크숍을 함께할 파트너 고르기

이 책을 읽어나가는 여행에 함께하면 좋을 것 같은 사람들을 간단히
정리해보자. 다음 사항을 고려하면 좋다.

- 나의 문제해결 방식에 동의하지 않더라도 내가 신경 쓰는 쟁점이
  나 문제에 기꺼이 귀를 기울일 사람인가?
- 내가 그 사람의 말을 믿을 수 있는가?
- 고착된 상황에 빠지거나 실패했을 때, 자세한 이야기까지 믿고 나
  눌 수 있는 사람인가?
- 다른 사람들은 말하기 꺼리는 이야기까지 나에게 해줄 수 있는가?
- 나의 태도와 행동에 대해 기꺼이 쓴소리를 해줄 수 있는가?
- 어떤 상황에 대한 나의 견해에 이의를 제기할 수 있는가? 누가 이
  책을 추천했는가?
- 어려움을 겪는 상황에 대해 이성적으로 생각할 수 있도록 도울 만
  큼 그 상황과 충분히 분리된 사람이 누구인가? 예를 들어 가정에
  서 나의 행동을 변화시키고자 할 때는 이 여행의 파트너로 배우자
  는 고르지 않는 게 좋으며, 직장에서 변화를 꾀하려 노력 중이면
  상사는 선택하지 않는 것이 좋다.
- 양극화된 세상에서 대화의 힘을 활용하는 법을 배우면 도움이 될
  만한 사람이 누가 있는가?

다음으로 한 명 이상의 파트너를 선택하고 이 책을 함께 읽으며 협력

하자고 요청하자. 예를 들어 여러분이 신경 쓰는 까다로운 문제들에 대해 더 효과적으로 이야기하고 싶으며, 그 목표를 이루는 데 그들의 도움과 동료 코칭 peer coaching 이 필요하다고 말할 수 있다. 그다음 이 여행을 따라가는 동안 서로를 가장 잘 도울 방법에 대한 목록을 만들어보자. 다음은 몇 가지 예시다.

- 서로에게 맞서기를 두려워하지 말고 솔직해야 한다. 여러분의 파트너가 비판이나 불평, 근거 없는 추측 등을 한다면 상대방의 말을 멈추고 지적할 수 있어야 한다.
- 서로를 책임지자. 파트너가 이론을 내세우거나 불평하면서도 행동을 취하지 않는다면, 실제 행동으로 옮길 수 있도록 격려하라. 함께 기한을 정하라.
- 인정을 베풀되 끈기를 잃지 마라. 나 혹은 파트너가 좌절감이나 절망감을 느낀다면 잠시 쉬어라. 하지만 대화를 완전히 그만두지는 말고 새로운 것을 시도하며 다시 시작해보자.

목록은 명확하되 변동의 여지는 두는 것이 좋다. 언제든지 이 목록에 새로운 것을 추가하거나, 배우는 과정에서 수정할 수 있어야 한다.

STEP2 한눈에 보기

√ 대부분 '진정성'이라는 단어는 사람들의 과거의 신념, 말, 행동, 문화적 정체성과 일관성 있는 행동을 묘사하는 데 사용된다. 진정성에 대한 이러한 일반적인 개념은 정적이며 교착상태와 양극화를 강화시킨다.

√ 과거와의 일관성을 유지하지 말고 내가 이루고자 하는 미래, 목표와 조화를 이루는 학습, 성장 과정에 중점을 두자. 이것을 '역동적 진정성'이라고 부른다.

√ 역동적 진정성의 핵심은 누구나 일관적이지 못하고 모순적이란 사실을 솔직히 인정하고, 이를 약점으로 받아들이는 것이다. 신뢰도가 높은 사람부터 자신의 모순을 인정한 뒤 점점 범위를 넓혀가는 것이 좋다.

실전연습: 이 책을 읽어나가는 여행에 친구, 동료, 여러 사람을 초대하라. 당신이 빠진 함정을 바로 알아볼 수 있고, 이를 거리낌 없이 지적할 수 있는 사람을 찾아라. 그 사람에게 감시자가 되어달라고 부탁하고, 여러분도 그에게 같은 역할을 하겠다고 제안하라.

STEP

3

대화를 망치는
말하기 태도

'존재 방식'이란 무엇이며 대화에 어떤 영향을 끼치는가?

존재 방식 형성에 영향을 끼치는 '내면의 대화'는 무엇인가?

나의 존재 방식은 어떻게 찾아낼 수 있을까?

대화에 숨어있는 부정적 감정

사람들은 자신이 중요하게 생각하는 문제에 대해 말할 때 곧잘 흥분하며 '특정한 방식'으로 대화하려는 경향이 있다. 우리는 실제 경험, 운동가들과의 인터뷰, 리더십 워크숍에서 들은 사례들을 조사하며 반복되는 패턴을 발견했다. 아래는 이 책의 저자 중 한 사람인 제이슨의 경험담이다.

지하실 창고에 뭘 가지러 내려갔는데 불이 켜져 있더군요. 저는 투덜거리며 불을 끄고는 아내가 설거지하고 있던 위층 부엌으로 올라갔습니다. "누가 지하실에 불을 켜놨더라!" 저는 팔짱을 낀 채 큰 소리로 말했죠.

여기서 잠깐 멈춰보자. 무슨 일이 일어나고 있는 걸까? 제이슨은 대화가 시작되는 순간을 묘사했다. 그의 묘사는 녹화된 영상을 보고 그대로 말한 것처럼 실제 일어난 일만을 설명하고 있지만, 여러분은 글을 읽으며 제이슨이 자신과 나눈 **숨겨진 대화**를 어느 정도 유추할 수 있을 것이다. "누가 불을 켜놓았군(나는 아니야!).

이건 정말 전기 낭비야(돈 낭비, 탄소 낭비야). 누가 그랬는지 알아내서 왜 이게 나쁜 일인지 알려주고 다시는 이러지 못하게 해야겠어. 이 집에서는 내가 늘 환경 지킴이가 돼야 해." 이 모든 것이 그가 말한 간단한 '한 문장'에 모두 들어있으며, 그는 아내가 자신의 속마음을 모르는 것처럼 행동한다.

제 아내는 씁쓸한 미소를 지으며 바로 반격하더군요. "그래? 매일 아침 화장실에 불을 켜놓는 '누군가'도 있어. 근데 그거 알아? 난 아무 말 하지 않고 그냥 꺼."

그녀는 이 상황을 어떻게 파악한 것일까? 제이슨의 마음속에 숨겨진 대화를 어떻게 알아차렸을까? 그들은 결혼한 지 10년이 넘은 부부다. 아내는 이 대화가 뻔한 패턴으로 흘러가고 있고, 제이슨이 에너지 절약에 관한 일장 연설을 시작할 거라고 예상할 수 있었다. 제이슨이 지금 하는 이야기의 저의가 무엇인지 아내가 정확하게 알아낼 수 있을 만한 패턴이 그동안 형성되었던 것이다. 혹은 제이슨이 말하는 순간 아내가 그의 태도, 말투, 단어 선택 등에서 무언가를 눈치챘을 수도 있다. 결국 **제이슨은 비난하는 말을 사용하지 않고도 암묵적으로 아내를 비난한 것이다.**

제이슨이 입 밖으로 낸 말의 이면에는, 이런 상황에서 그가 취한 태도까지도 포함되어 있다. 비판적, 독선적, 수동공격적인 그의 태도에는 두 가지 문제점이 있다. 첫째, 제이슨의 대화 방식은 아내를 대화에 끌어들이는 데도, 반드시 불을 끄게 만드는 데도 효과적이지 않다. 기껏해야 제이슨의 나쁜 버릇에 대한 빈정거림이나 비웃음만 불러일으킬 뿐이다. 최악의 경우에는 둘 사이에 다툼이 일어날 수도 있다.

더 깊이 생각해보면, 독선은 제이슨이 원하는 대화의 방식도 아니다. 그와 아내가 자녀들에게 자신들의 가치관과 바람에 관해 이야기하거나 그가 자신의 조직을 위한 팀 헌장을 작성할 때 제이슨이 무엇을 강조할까? 그는 평소 겸손한 태도와 연민을 추구하며 사람과 자연을 돌보자고 말하지만, 이런 일상적인 상황에서 정반대로 다른 사람을 존중하지 않고 대화를 잘못된 방향으로 끌고 간다.

사회, 환경, 정치적 이슈를 다루는 사람들 입장에서 이는 더 광범위하게 적용되는 문제다. 사람들은 확신에 차 있으며, 독단적이고, 고고하거나 지적으로 우월한 척하며 무엇을 해야 하고 하면 안 되는지 다른 이들을 지적하는 데 많은 시간을 소비한다. 원하는 세상보다도 자신이 바라는 사회가 되지 않았을 때 벌어질 참사에 더 관심을 쏟기도 한다. 흥미롭지도 않고 솔직히 즐겁지도 않은 문제다. 그런데도 왜 모든 사람이 자신이나, 자신이 속한 집단의 대의명분을 위해 뭉치지 않는지를 이상하게 여기고 "다른 사람들은 이해 못 해"라는 진부한 핑계 뒤에 숨거나 실망하며 화를 낸다.

이번 STEP에서는 '나의 존재 방식이 내가 바라는 사회, 세상과 유관하고 일치하는가?'라는 질문을 다룰 것이다.

말하기 태도를 결정하는 존재 방식

존재 방식은 일종의 태도나 자세다. 갈등 상황에서 나타나는 자신의 존재 방식을 어떻게 확인할 수 있을까? 물속에서 헤엄치는 물고기는 물을 의식하지 못한다. 마찬가지로 **우리 역시 대개 우리의 존재 방식, 그리고 존재 방식이 어떻게 우리의 행동과 다른 사람들이 우리에게 반응하는 방식에 영향을 미치는지 깨닫지 못한다.**

앞선 사례가 벌어지던 당시, 제이슨은 자신이 말하는 방식에 대해 잘 몰랐다. 일이 벌어지고 난 후에야 자신의 존재 방식을 설명할 수 있을 정도로나마 작게 자각하였는데, 이는 두 가지 요인이 합쳐진 결과였다. 첫 번째는 그의 아내가 제이슨의 존재 방식을 알아챘다는 것이었다. 비슷한 상황에서 제이슨이 취할 수 있는 다른 태도를 언급했다는 점에서 이를 알 수 있다. 아내는 그에게 비판이나 훈계 없이 불을 꺼주고 그저 도움이 되어달라는 뜻을 비쳤다. 두 번째는 제이슨이 그동안 일어났었던 일들과 머릿속에 지나간 생각들을 스스로 되돌아봤다는 것, 즉 심사숙고해봤다는 것이다.

핵심은 존재 방식을 인식하려면 지금까지의 자신의 모습을 버릴 만큼의 용기와 노력이 필요하단 사실이다. 이는 매우 중요하다. 우리의 존재 방식은 우리가 행동하는 방식, 말하는 방식, 다른 사람들이 우리에게 반응해 행동하고 말하는 것에 영향을 끼친다. 이런 행동과 대화는 우리가 세상에 가져올 결과에 영향을 미친다.1 이 과정은 다음 페이지에 나와 있다.

STEP1에서 우리는 휴렛팩커드엔터프라이즈의 존 프레이가 지속 가능성 전략을 더 효과적으로 홍보하기 위해 고객들에게 접근

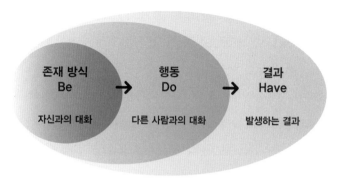

'존재 방식'이 결과에 미치는 영향

하는 방식을 바꿨던 이야기를 살펴봤다. 가장 주목해야 할 부분은 그가 회사의 전략을 이해시키기 위해 새로운 프레임을 사용했다는 것이 아니다. 그가 대화에 임하는 방식을 바꾸었기 때문에 새로운 프레임을 떠올릴 수 있었다는 사실이다.

그는 자신의 존재 방식이 상대방에게 어떤 영향을 미치는지 이해했다. 프레젠테이션에서 HPE의 업적을 열정적이며 자랑스럽게 이야기했지만, 그 때문에 고객들의 집중도가 떨어진다는 것을 발견했다. **그는 존재 방식을 '질문**inquiring**'에서 '연결**connecting**'로 전환했다.** 그러자 고객들과의 소통하는 방법에 대한 아이디어들이 자연스럽게 떠올랐다. '행동'은 '존재'를 따라간다. 그는 고객의 어려움에 귀를 기울이고, 그들의 사업 계획서를 읽고, 고객들의 문제 해결을 도왔다. 그렇게 함으로써, 그는 사업 성공과 지속 가능성이라는 자신이 속한 조직의 목표를 이룰 수 있었다. 다른 사람들에게 알려줄 수 있는 새로운 언어와 대화를 만들어 낸 것이다.

자신의 존재 방식을 인식하는 건 결코 사소한 일이 아니다. 우리가 마음속으로 느끼는 감정, 다른 사람에게 주는 인상 등과 관련 있기 때문이다. 일종의 자기 성찰과 공감과도 관련이 있다. 발달 심리학자들은 이런 과정이 숨어 있는 내면을 발견하고 해결책을 찾는 개인적 성장에 필수적이라고 말한다. 더 폭넓은 인식, 의식, 능력, 자유를 향한 여정, 자신의 본모습을 받아들이는 데 기초가 되기도 한다. 그러나 자신의 약한 면까지 들여다봐야 하기 때문에 어렵고 고통스러운 과정이다.2

그렇다면 우리는 존재 방식을 어떻게 확인해야 하며 어떻게 근본적으로 바꿀 수 있을까? 다른 사람과 대화할 때, 존재 방식은 나의 내면에서 일어나는 대화에서 찾을 수 있다. 자신과 지속적으로 나누고 있는 대화가 다른 사람을 대하는 우리의 모습에도 영향을 미친다.

잠시 책을 내려놓고 지금 여러분이 자신과 나누는 대화를 들어보길 바란다.

하던 일을 당장 멈추고 내면의 대화를 들어보자.

'자신과 나누는 대화? 나는 내면의 대화 같은 건 하고 있지 않은데? 이 과정을 거칠 필요는 없어. 그냥 계속 읽어야지.' 지금 하는 그 생각이 바로 내면의 대화다.

자신과 나누는 대화는 여러분이 다른 사람들과 이야기하기 전, 이야기 도중, 이야기 후에 여러분의 머릿속에 울리는 목소리다. 학술적으로 이 목소리를 지칭하는 이름이 있다. 사람들이 '내적 독백'이나 '의식의 흐름'에 대해 이야기하거나, '상태 관찰'에 대해 언급하는 것을 들어본 적 있을 것이다. 때때로 머릿속에 떠오르는 생각이 실제 목소리로 묘사되기도 한다.

내면의 대화는 대화를 하는 나의 태도와 말하기 방식에 영향을 끼진다. 즉 존재 방식을 만들어낸다. 이는 우리가 다른 사람들과 대화할 때 행하는 비언어적, 언어적 역학을 형성한다. 그리고 대화가 진행되는 방식—우리의 가치관, 비전, 행동 계획을 얼마나 성공적으로 전달하느냐에 따라서—이 우리가 세상에 가져올 결과의 형태를 결정한다. 우리의 태도가 대화에 어떤 영향을 미치는지 알게 되면, 우리는 스스로에게 자유를 주기 시작한다. 새로운 존재 방식을 만들어내고, 새로운 결과를 가져올 수 있는 새로운 대화를 시작한다. 우리의 포부와 진정으로 일치하는 사람이 되어가는 것이다.

존재 방식에 영향을 미치는 것들

이 장을 비롯해 이 책 전반에서 당신은 존재 방식 및 자신과의 대화에 가까이 다가가는 법을 배울 것이다. 우리는 이 과정이 굉장히 개인적이고 내밀한, 성찰적인 과정처럼 보이는 것과 달리 **절대 개인적인 일이 아니라는 중요한 사실**을 일러두려 한다.

위에서 언급한 제이슨의 이야기에서 자신의 모습이 보이는가? 비판적이고 독선적이며 수동공격적인 자신의 모습을 자각한 적이 있는가? 아마 있을 것이다. 인간으로서 우리는 타고난 몇 가지 존재 방식을 가지고 있다. 우리가 하는 몇몇 대화 방식은 오랫동안 이어져 온 것이다. 사람들은 자신이 자라온 특정 문화권, 그리고 사회정의나 지속 가능성 같은 폭넓은 담론이나 운동에 참여함으로써 존재 방식을 **공유**한다. 우리를 꼼짝 못 하게 하는 함정 중 상당수는 더 나은 세상을 만드는 과정에서 많은 이들이 공통적으로 경험하는 것들이다. 전형적이라고 할 수 있을 정도다. 사람들은 공격적이고 성급하거나 냉소적이며 절망적인 운동가의 양상을 보인다.

우리는 서로 다른 환경을 지닌 여러 나라와 공동체에서 워크숍을 진행하며 참가자들에게 잘 풀리지 않았거나 결과를 예측할 수 없어 회피했던 대화에 대해 생각해보라고 요청했다. 참가자들이 이야기한 몇 가지 상황을 예시로 소개하겠다.

- 한 직원이 최고재무책임자에게 사회적, 환경적 문제 해결을 위해 투자해야 한다고 말하려 한다.
- 한 여성이 동성애자 권리 문제에 대해 어머니와 진지한 대화를 나누고 싶어 한다.
- 자신이 택한 진로에 회의적인 부모와 조부모에게, 자신이 세상을 어떻게 변화시키고 싶은지 알려주고 싶다.

이런 대화들은 매우 중요하다. 이런 대화들은 우리가 목표를 추구하는 과정에 다른 사람들을 참여시키고 우리를 지지하도록 영향을 끼칠 수 있다. 하지만 안타깝게도 대부분의 대화들은, 시작도 하기 전에 갈등, 좌절, 포기에 가로막힌다. 우리는 워크숍에서 "대화가 근어졌을 때 여러분의 존재 방식은 어땠습니까?"라는 질문을 던지고 답변을 수집했다. 다음 '존재 방식'들은 우리가 지금까지 들었던 답변들이다.

대화가 난항에 빠졌을 때 사람들의 존재 방식3

장거리 비행에서 위의 워드 클라우드word cloud에 묘사된 성격의 사람이 옆자리라고 생각해보자. 그 사람과 얘기를 나누고 싶은가, 아니면 이어폰을 낀 채 잠든 척하고 싶은가? 이 단어들은 **갈등 상황에서 존재 방식과 관련된 문제를 보여준다.** 이런 이유들 때문에 대화가 잘 흘러가지 않는 것이다.

이제 워드 클라우드를 다시 한 번 살펴보자. 여러분이 위에 서술된 단어와 같은 기분을 느끼거나, 다른 사람에게 위와 같은 성격을 가진 사람처럼 보일 때 대화를 한다고 상상해보자. 대화가 즐거울까? 절대 아닐 것이다. 사람들은 자신의 가치관에 애초부터 동의하지 않는 사람들과의 어려운 대화는 피하려게 되고 한다. 이런 식으로 행동하거나 이런 감정을 느끼거나 다른 사람들에게 이런 인상을 주고 싶지는 않을 것이다. 그래서 우리는 어려운 대화를 피하고 더 나은 세상을 만들겠다는 목표를 달성하지 못한다.

이것은 나쁜 소식이기도, 좋은 소식이기도 하다. 나쁜 소식인 이유는 이런 상황에서 우리는 스스로 문제를 만들기 때문이다. 즉, 존재 방식이 목표 달성에 방해가 된다. 〈포춘Fortune〉 500대 기업의 한 직원은 이 워드 클라우드를 보더니 자조적으로 웃으며 "제 업무 평가를 보는 것 같군요!"라고 말하기도 했다. 좋은 소식은 우리의 존재 방식이 우리가 행동하는 공간에서 작동한다는 사실이다. 대화가 춤이라면 존재 방식은 음악이다. 대화가 막히면 새로운 음악에 맞춰 춤을 추면 된다. 가끔, 심지어는 자주, 사람들도 여러분을 따라올 것이다. 이 책의 실전연습 과제들이 여러분을 그곳에 도달할 수 있도록 도울 것이다.

워드 클라우드의 또 다른 면은 단어 사이의 강한 유사성이다. 낙담, 방어적, 분개함, 독선적, 수동공격적, 체념 등 몇 가지 유사한 단어들이 반복적으로 등장한다. 좌절, 강요, 고고함, 아는체함 같이 많은 단어들 간에 밀접한 연관성이 보이기도 한다. 이런 공통점들은 우리의 존재 방식이 공유되며 심지어 전염성이 강하다는 의미로 해석할 수 있다. 모두 고착된 대화라는 비슷한 상태에서 나타난다. 우리는 현재의 세상과 우리가 원하는 세상 사이의 차이에 갇혀 앞으로 나아가지 않고 있다.

안타깝게도 이런 존재 방식은 사람들이 옹호자나 운동가로서의 우리 모습을 어림짐작하게 한다. 토론토대학교University of Toronto의 심리학 연구원인 나디아 바시르Nadia Bashir와 동료들은 온라인 설문을 이용해 북미의 대표 표본을 추출했다. 그들은 참가자에게 '전형적인' 운동가의 특징에 대해 말해달라고 요청했다. 다음은 전형적인

트리허거 (급진적 환경운동가)	채식주의자	히피족
진보주의자	비위생적이다	과격하다
괴짜	운동가	배려심이 있다
시위자	과민하다	구식이다
독선적이다	유식하다	마약 복용자
덥수룩하다	결연하다	몰상식하다
지적이다	열정적이다	혁명적이다
활동적이다	단호하다	동물애호가
편협하다	협조적이다	민주당 지지자
성가시다	비이성적이다	비합리적이다

환경운동가의 특성으로 가장 자주 언급된 표현을 정리한 것이다.

이 목록을 읽으며 웃었을지도 모른다. 자신이나 주변 사람들이 떠올랐을 수도 있다. 요점은 이것들이 개인적인 사항이 아니라는 것이다. 워크숍 참가자들이 개인적 성찰을 통해 인식하는 자신의 성향과, 사회운동가들에 대한 사회적 인식에 관한 광범위한 문화적 연구 사이에는 중요한 연관성이 있다.

이것은 좋은 소식이다. 우리가 누구인지와 만들고 싶다고 말하는 세상 사이의 괴리를 파악함으로써, 패턴을 깨고 새로운 대화를 위한 공간을 만들 수 있다. 우리는 대화를 통해 존재 방식, 인간관계, 사회운동을 변화시킬 수 있다. 그리고 그 변화를 만들 수 있는 유일한 방법, 한 번에 한 가지 대화로 세상을 바꿀 것이다.

내면의 대화를 발견하라

이제 우리는 대화를 바꾸는 과정에 돌입할 것이다. 단순히 읽기만 해서는 안 된다. 대화가 원하는대로 흘러가거나 풀리지 않을 거란 걱정 때문에 회피했던 대화를 생각해보라 했던 실전연습2를 기억해보자. 먼저 실전연습2에서 찾았던 '진짜 대화' 하나를 고르자.

특정 대화를 고른 후 누구와 언제, 어디서, 무슨 말을 했고 하지 않았는지 등 세부적인 내용까지 파악해라. 아마 자동적으로 '그때 내가 무슨 말을 해야 했을까?'라는 생각이 떠오를 것이다. 이번 연습을 통해서 우리는 다른 질문을 해볼 것이다.

자신과의 대화부터 시작해보자. 누군가와의 대화가 어긋났을 때, 대화하기 전, 대화 도중, 대화 이후에 어떤 생각을 했는가? 중요한 대화를 **피하려다** 대화가 막혔다면, 여러분은 자신과의 대화만 나눈 것이다!

실전연습 6

모르고 있었던 내면의 대화

실전연습2에서 적은 대화 중 하나를 골라보자. 원하는 대로 흘러가지 않았던 대화일수도, 회피했던 대화일 수도 있다. 반드시 '살아 있으며' 나에게 '중요한' 대화를 골라야 한다.

살아 있는 대화는 상당한 시간이 지났음에도 여전히 해결되지 않았거나 충분히 진척됐다고 느껴지지 않는 대화다. 만난 적 없고 찾으려야 찾을 수도 없는 온라인에서 마주친 사람이 아니라, 여러분의 삶에 존재하며 계속해서 대화를 나눌 수 있는 사람과 한 대화다. 여러분이 정말로 뭔가를 성취하고 싶다면 여러분에게 중요한 것은 대화일 것이다. 성취하려는 목표는 행동 변화 같은 구체적인 것일 수도 있고, 상대방과의 수준 높은 관계를 맺는 것일 수도 있다.

만약 이것이 회피해온 대화라면, 대화가 실제로 일어났다고 상상해보자. 대화가 어떻게 흘러갈지 마음속으로 그려보자. 그리고 그 대화에서 다음과 같은 부분들을 살펴보자.

말하지 못했거나 마음속으로 나눈 대화를 적어보자. 속으로 생각했고 느꼈지만 입 밖으로 내지 않은 대화들이다. 화났거나, 슬펐거나, 두려웠거나, 부끄러웠던 기분 등 단순한 감정들이다. 심장이 두근거리거나 얼굴이 화끈거리는 등 몸의 신호에 집중하며 감정을 알아차려 보자. 생각은 상대방이나 상황에 대한 해석이나 판단이다. 마음속에 스치는 생각 중 기억나는 것은 무엇이든 적어라.

잘 풀리지 않았던 대화라면 대화 전, 대화 도중, 대화 후에 여러분이 생각하고 느꼈던 것을 적어보자. 회피해온 대화라면, 일어나지 않은 대화에 대해 여러분이 자기 자신과 나눈 '숨겨진 대화'를 적어보자.

숨기거나 말하지 못했던 내면의 대화를 이야기해보라는 과제를 받은 워크숍 참가자들은 다음과 같은 대답을 내놓았다.

- 너무 게을러서 해결 방법을 생각 못하는 거야.
- 이 문제를 해결하는 게 당신에게 친절하게 대하는 것보다 더 중요해!
- 이렇게 이기적일 수 있다니! 정말 기가 막히는군.

- 이 대화를 나눌 수 있는 좋은 방법은 없어.
- 이 사람은 지금 내게 거짓말을 하고 있어.
- 그냥 이해를 못 하는 거겠지. 이해하려는 노력도 하지 않아. 이미 결정내린 거야. 내가 무슨 말을 하든 관심 없어.
- 말로는 원한다고 하면서 필요한 조치를 취할 생각도 없잖아.

속으로만 생각하는 이런 말들을 입 밖으로 내지 않는 이유는 간단하다. 만약 말했다가는 대화가 더 어긋나게 된다. 그런데 제이슨이 지하실 전등에 대해 아내와 나눈 대화를 생각해보자. 아내는 제이슨이 무슨 생각을 하고 있는지 알고 있었다. 이런 내면의 대화는 **비밀**이 아니다. 실제로 이런 말들을 하는 경우가 생기는 이유도 누군가 이런 생각을 한다는 게 딱히 비밀이 아니기 때문이다. 그렇다면 이런 말들은 우리 공간에 머물러 우리가 하게 될 말을 예상할 수 있게 한다. 또한 비언어적 의사소통을 통해 말하는 이에게서 배어난다. 내면의 대화는 우리의 태도와 분위기, 즉 우리의 존재 방식에 영향을 미친다. 이제 존재 방식을 확인해보자.

실전연습 7

존재 방식 인식하기

한 걸음 뒤로 물러나 실전연습2와 실전연습6에서 적었던 모든 대화 상황들을 살펴보자. 그리고 자신과 나눈 내면의 대화를 생각해보자. 이런 대화에서 자신의 존재 방식을 어떤 식으로 설명할 수 있을까?

어떤 '형용사'로 설명할 수 있는가? 어떻게 존재 방식을 알아냈는가? 만약 내면의 대화를 피했다면, 나는 어떤 존재 방식을 지닌 사람처럼 보였을까?

나의 존재 방식을 알아볼 수 있는 또 다른 방법은 배우자, 절친한 친구, 형제, 부모, 자녀 등 나를 잘 아는 사람이 소통을 담은 영상을 볼 수 있다고 상상하는 것이다. 이 사람들이 내 머릿속을 꿰뚫어 볼 수 있다고 상상해보자. 이들은 당신의 존재 방식을 어떻게 묘사할까?

- 힌트: 75쪽의 워드 클라우드를 펼쳐보자. 시간 낭비할 필요 없이 여기서 나의 존재 방식을 표현할 수 있을 만한 단어를 고르면 된다!

이 성찰 결과를 파트너와 공유하고, 나의 존재 방식을 묘사한 방법에 파트너도 동의하는지 알아보자.

이 시점에서 실전연습2, 실전연습6, 즉 교착상태에 빠진 진짜 대화 찾기와 내면의 대화 되돌아보기를 통해 숙고하는 과정의 중요성은 아무리 강조해도 지나치지 않다. '내가 어떤 상태였는가?'라고 자문하는 일은 '어떻게 해야 할까?'나 '어떻게 해야 했을까?'보다 훨씬 낯선 질문이다.

여기서 멈추자.

그리고 생각해보자. '나는 나의 존재 방식을 어떤 식으로 규정할 것인가?'

이런 생각이 어색할 수도 있다. 따라서 충분한 시간을 들여 숙고하길 권한다. 책을 내려놓고 첫 번째, 두 번째, 세 번째 대답을 생각한 후 다시 펼치자.

또한 파트너와도 함께 과제를 해보자. 파트너가 그들의 존재 방식을 규정했는가? 솔직해져라. 만약 파트너가 실제보다 긍정적인 성향으로 자신을 묘사하려 한다면 주저하지 말고 지적하라.

실전연습7 과제가 특히 어려운 이유 중 하나는 스스로를 판단해야 할 때 사람들이 가지기 쉬운 양상 때문이다. '이 대화의 결과 때문에 이미 자책감을 느끼고 있는데 이제 숨기고 싶은 나의 성향까지 드러내야 한다고?'

우리는 어떤 존재 방식이 좋은가 나쁜가를 묻는 것이 아니다. 사실 좋고 나쁨, 옳고 그름으로 분류하지 않는 것이 필요하다. 그저 각자의 방식일 뿐이다. 비판적이라는 이유로 우리 자신을 판단하는 것은 또 하나의 비판일 뿐이다. 더 유익한 질문은 이것이다. **'이런 말하기 방식이 효과적이라고 생각하는가? 내가 되고자 하는 사람, 내가 바라는 상호작용, 만들고 싶은 미래에 진정으로 도움이 되는 방식인가?'** 만약 질문의 답이 '아니요'라면, 자유롭게 새로운 것을 시도해보기를 바란다.

실전연습을 통해 존재 방식에 대해 충분히 고민했으니, 이제 여러분의 존재 방식을 인식하는 과정에서 맞닥뜨리는 일반적인 어려움과 이를 극복하는 요령에 관해 이야기할 것이다.

우리가 속마음을 숨기는 이유

워크숍 참석자인 앨리스는 동성애자 권리에 대해 어머니와 대화를 나누기를 피하고 있는 상황이었다.

"어머니는 4개월에 한 번씩 전화하시는데, 늘 감정이 격해진 채로 통화가 끝나요. 그러고 나면 또 4개월 동안은 어머니 전화를 무시하죠. 저는 지금까지 사회정의를 위해 살아왔어요. 제 가치관을 지키면서 동시에 어머니를 사랑하기 힘들어요. 어머니는 동성애자를 싫어하시거든요."

우리는 앨리스에게 그녀의 존재 방식이 무엇인지 생각해보라고 부탁했고, 앨리스는 곧 벽에 부딪혔는지 우리에게 도움을 청했다. "저는 낙관적인 사람 같아요." 더 자세히 설명해달라고 하자, 앨리스는 "어머니가 변할 수 있을 거라고 낙관하고 있는 것 같아요"라고 말했다.

"어머니라면 앨리스의 태도를 어떻게 묘사하실까요? **똑같이** 낙관적이라고 말씀하실까요?" 우리는 물었다.

잠깐의 침묵 후 그녀가 대답했다. "아니요, 제가 독선적이며 비판적이라고 말하실 거예요."

여기서 몇 가지를 짚고 넘어가 보자. 먼저 앨리스가 대화에 임하는 자신의 태도를 솔직하게 말하지 않거나 감추려 했다는 것에 주목하라. 앨리스처럼 사람들은 종종 자신이 한 말과 생각에 대해 솔직하게 말하지 않는다. 사실대로 말하면 볼품없기 때문이다. 그래서 보통 간략하게 요약해서 이야기한다. 제이슨이 지하실 전등에 관해 한 이야기를 떠올려보라. "저는 투덜거리며 불을 끄고는 아내가 설거지하고 있던 위층 부엌으로 올라갔습니다. 누가 지하실에 불을 켜놨어. 저는 팔짱을 낀 채 큰 소리로 말했죠."

만약 제이슨이 이렇게 말했다면 어땠을까? "지하실 계단 끝에 다다랐을 때 저는 아내에게 지하실에 불이 켜져 있었다고 말했어요." 이 설명도 여전히 사실이며 정확한 편이지만, 이 상황에서의 제이슨의 존재 방식은 조심스럽게 '숨겨져' 있다.

사람들은 자랑스럽지 않거나 대화에 도움이 되지 않는다고 생각되는 존재 방식을 숨기면서 이야기를 전달하는 데 능숙하다. 의사소통을 실패로 몰고 간 언어나 비언어적 대화를 조심스럽게 숨긴 채 얘기해준다. 이런 식으로 이야기하면 나는 좋은 사람처럼 보이고 상대방은 나쁜 사람처럼 보일 지 몰라도, 갈등 상황을 해소하기 어려워진다.

구체적으로 설명하는 게 중요하다. 정확히 어떤 말을 하고 하지 않았는지, 존재 방식을 확인할 수 있는 대화를 얼마나 일어난 그대로 설명할 수 있는지 살펴보자. 나의 '첫 번째 대답'은 해당 대화에서 나타난 실제 존재 방식을 숨기고 있을 수도 있다는 것을 항상 고려하자.

실제로 나누는 대화

앞에서 이야기했던 대화로 돌아가 보자. 내면의 대화와 존재 방식에 대해 생각해보았으니 이제는 '대화에서 나왔던 모든 말과 그 말이 표현된 방식을 내가 얼마나 잘 묘사했는가?'라고 자신에게 질문해보자. 실제로 일어났던 일을 좀 더 잘 알아차리고 더 명확히 기억할 수 있었는가?

종이나 노트에 했던 말과 행동을 최대한 정확하게 기억해서 기록해보자. 만약 누군가 그 장면을 녹화했다면 그 사람은 무엇을 보고 기록했을까? 그 기록은 아마 다음과 같았을 것이다.

나: "_____"
상대방: "_____"
나: "_____"
…

내가 보는 나와 타인이 보는 나

워크숍에서 대화 속에서 존재 방식을 탐색하는 이 단계까지 오면 자주 나오는 질문이 있다. 누구의 말이 진실일까? 누구의 관점이 맞는 말일까? **만약 나는 나를 '낙관적'이라고 생각하고 상대방은 나를 '비판적'이라고 말한다면, 누구 말이 맞을까? 두 가지 시각이 다 옳은 걸까?**

사실 자신의 행동에 대한 스스로의 생각은 대화의 궤적에 거의 영향을 미치지 않는다. 우리는 **당신이 다른 사람이 생각하는 문제 상황에서의 당신의 태도에 집중할 것**을 권한다. 중요한 것은 그것이다. 여러분이 바라는 다른 사람에게 보여지는 모습대로 행동하도록 책임을 지우기 때문에 이는 효과적인 출발점이다.

앨리스는 어머니의 관점으로 대화를 바라보면서 '어머니의 정의와 판단에 내가 독선적이며 비판적으로 반응했다'는 걸 알게 됐다. 이어서 앨리스의 독선과 비판이 어머니에게서 같은 반응을 더 일으키며 상황을 악화시킨 것이다. 이를 이해하자 앨리스는 새로운 마음가짐과 태도를 만들었고 새로운 방식으로 어머니와의 관계에 접근할 수 있게 되었다.

잠시 멈춰서 상대방의 관점에서 대화를 살펴보자. 여러분의 존재 방식은 무엇인가? 그 존재 방식을 인정하고 책임질 것인가? 나와 상대방의 관점 사이에 접점이 있는가? 없다면 계속 찾아보라. 대화가 실패한 이유에 대해 자신의 책임을 살펴보고 정면으로 맞서는 건 어려운 일이다. 역설적이게도 더 맞서고 더 불편해질수록, 성장할 기회를 더 많이 얻게 되며 교착상태에 빠진 대화를 뚫고 나갈 수 있다.

추구하는 가치관과 태도의 불일치

내 마음속에서 일어나는 대화와 나의 태도와 자세에 대해 잘 이해했다면, 앞에서 제기했던 **진정성**에 관한 질문에 직면할 수 있다. 여러분의 대화 방식이 개인적인 포부와 일치하는가? 동료 옹호자들 사이에서나 여러분의 단체 내에 존재하는 공동 존재 방식이 여러분의 공동 목적과 일치하는가? 예를 들어 여러분이 연민과 관용을 옹호한다면, 연민하며 포용적인 방식으로 행동하는가? 여러분의 회사, 협력 업체, 대중, 가족, 학교, 공동체, 정당 등에서 지지층을 넓히려고 할 때, 여러분의 태도가 다른 이들을 대의에 동참시키는 데 도움이 되는가? 그들이 자신의 행동을 바꾸고, 자원을 투자하고, 여러분이 원하는 방식으로 세상을 개선하는 정책에 찬성하고 투표하도록 동기부여를 받는데 도움이 되는가?

여러분이 만약 이 모든 질문에 '예'라고 대답할 수 있다면, 책을 내던지고 한숨 자는 것을 추천한다. 만약 답이 '아니요'라면, 여러분은 효과적인 대화를 위한 진정성에 어긋나는 **거짓**의 원인을 성공적으로 찾은 것이다. 여러분은 무언가 새로운 것, 자연스럽게 여러분이 원하는 대화와 세상을 만들어내며 여러분의 포부와 일치하는 존재 방식을 위한 공간을 만들어내기 시작했다. 앨리스는 어머니를 대하는 자세부터 변화하기 시작해 인정 많으며 사랑 가득한 사람이 될 수 있다는 것을 알았으며, 앞으로는 '가치관에 충실한' 사람이 될 것이다.

하지만 먼저 가장 중요한 퍼즐부터 해결해야 한다. 자신이 추구하는 가치관과 실제 자신의 태도 간의 **불일치를 경험했을 때조차 우리는 왜 자신의 태도를 바꾸지 않는 것일까?** 우리는 왜 때때로 원하는 결과를 만들기에는 부족한 행동 양식에 갇히는 것일까? 이 질문은 다음 STEP에서 다룰 것이다.

√ 다른 사람과 대화할 때 우리는 부정적인 감정을 숨긴다.

√ 우리는 대화의 과정에서 편견과 추측을 숨기려 하지만, 이런 것들은 우리가 자신을 표현하는 방법과 다른 사람에게 비치는 우리 모습, 즉 우리가 말하는 태도에서 드러난다. 대화는 시작도 하기 전에 실패할 수도 있다.

√ 우리의 존재 방식은 옹호 집단의 문화, 까다로운 대화를 대하는 인간의 기본적 태도 등을 통해 공유된다. 우리의 존재 방식은 옹호자에 대한 부정적인 고정관념이나 예상 등에 영향을 미친다.

√ 교착상태를 해결하기 위해서는 '역동적 진정성'을 갖춘 존재 방식이 필요하다. 즉각적인 목표를 달성하는 데 도움이 되는가? 내가 만들고 싶은 세상과 일치하는가?

실전연습: 대화를 전환하기 위한 다음 단계는 나의 존재 방식을 이해함으로써 부정적 감정을 알아차리고 직면하는 것이다. 대화가 막혔을 때, 당신이 생각하거나 느꼈지만 입 밖으로 내지 못한 생각들은 무엇인가? 내면의 대화는 무엇인가? 대화가 막혔을 때 나는 어떤 태도를 보였는가?

대화를 함정에
빠트리는 미끼

대화를 실패하게 만드는 '함정'에는 어떤 것들이 있을까?

우리를 함정에 빠지게 하는 '미끼'는 무엇인가?

함정에 '갇히면' 어떤 대가를 감수해야 하는가?

대화를 실패하게 만드는 함정과 미끼

이번 STEP도 제이슨의 이야기로 시작해보자.

박사 과정을 밟기 위해 2005년 MIT로 왔을 때, 저는 '대학원생 권익 옹호 모임'에 합류했어요. 우리는 지속 가능성을 위해 'MIT가 해야 할 일'에 대한 짧은 성명서를 작성하고, 교수진으로부터 수십 개의 서명을 받아 대학 행정부에 전달했습니다. 요구를 직접 전달하고자 총장과의 면담도 요청했어요. 뿌듯했죠. 하지만 총장실에선 무슨 일을 해달라는건지 모르겠다고 답변했어요. 명확한 '요구'가 없어 우리의 요청을 어떻게 해석해야 할지 모르겠다고 말이죠.

솔직히 모르기는 우리도 마찬가지였지만, 좌절에 빠진 모습으로 행정부를 악마로 만드는 편이 모르는 걸 찾는 것보다 훨씬 쉬웠어요. 우리는 '그들'이 우리 요구를 이해하지 못했고, 우리의 요구를 진지하게 받아들이지 않았으며, 그들이 '해야 할 일을 피하려 한다'고 결론내렸습니다.

청원이 실패한 후, 시선을 더 끌 만한 행사를 추진했습니다. 행정부가 공개적으로 '우리 요구대로 행동할 것'을 약속하고 캠퍼스를 보다 더 에너지 효율적으로 만들도록 강요할 방법이었죠. 그러나 행사를 계획하며 우리는 더 많은 장애물과 맞닥뜨렸습니다. 다른 학생 대표, 학교 관계자들과 함께 회의실에 앉아있는데 대화가 논쟁으로만 흘러가는 기분이었어요. 우리는 밀어붙이고, 그들은 버텼죠. 전혀 우리 말을 들을 생각이 없어 보였어요. 꼼짝할 수 없는 기분이었습니다.

무엇 때문에 대화가 꽉 막혔을까? 제이슨과 친구들이 누군가가 길에 세운 장벽, 의지나 정치적 힘으로 무너지거나 극복해야 할 장애물, 바리케이드에 맞닥뜨렸다는 표현이 이 상황에 대한 묘사 중 하나일 수 있다. 우리는 스스로 '다른 사람들이 우리의 노력을 막을 때, 이런 저항을 어떻게 극복해야 할까?' 등의 질문을 한다. 사울 알린스키Saul Alinsky의 《급진주의자를 위한 규칙Rules for Radicals》은 강력한 저항 세력에 대응하는 법을 다룬 분야의 고전이다.[1]

꼼짝 못 하는 상황을 만든 스스로의 역할에 초점을 맞출 수도 있다. 우리는 고착된 대화를 함정이나 숨겨진 덫으로 생각하면 도움이 된다는 사실을 알려주고 싶다. 사람들은 내면의 대화를 발견하고 대화에 임하는 새로운 태도를 찾아가는 과정에서 이런 함정이나 덫에 빠지곤 한다. 이 비유에서 중요한 것은 너무 먹음직해 우리가 꽉 움켜쥐게 되는 함정 안의 '미끼'다. 우리는 미끼를 즐기는 대신 '갇히는 대가'를 치른다.

이 미끼는 우리가 다음으로 살펴볼 **거짓**의 또 다른 기본 요소다. 미끼가 무엇인지 파악하고 놓아줘야 함정에서 빠져나와 길을 찾을 수 있다.[2] 제이슨의 이야기를 계속해서 살펴보자.

회의실에서 엘사 올리베티가 입을 열었어요. 그녀는 MIT에서 몇 년째 공부 중인 대학원생이었죠. "당신의 접근법은 '누군가가 무언가를 해야 합니다'인 것 같네요. 이런 상황이라면 저는 보통 '저희가 여러분을 도울게요'라는 식으로 접근해요."

엘사는 긍정적이고 통찰력 있는 사람이기 때문에 그녀의 말은 제 마음을 움직였어요. 저는 한발 물러나 심호흡을 한 후 '나와의 대화'를 시도했어요. '저희가 여러분을 도울게요.' 그 말을 받아들이고 나자 새로운 접근법에 대한 가능성이 생겼습니다. '저희가 여러분을 도울게요'라는 접근법은 실제로 그 일을 '해야 한다'는 것을 의미하니까요. 부담이 클 수도 있어요. 실질적인 영향을 발휘 못할 수도 있죠. 물론 이것들은 우리가 학교 측더러 부담하라고 요구했던 위험이었어요! 그러자 우리가 그동안 고고한 척하며 책임은 '회피'하기만 했단 사실을 깨달았습니다.

동시에 현재의 접근 방식이 우리가 공언한 목표를 달성하는 데 도움이 되지 않는다는 사실이 분명해졌죠. 저는 '저희가 여러분을 도울게요'의 태도가 제 생각과 대화를 이끌어가도록 했어요. 그 순간 바로 대화가 변화하기 시작했죠. 주장을 늘어놓는 대신 질문을 던지기 시작했습니다. 저희는 학교의 대학원생들이 정말 멋진 일들을 조용히 해왔으며, 우리가 거기에 힘을 보탤 수 있다는 사실도 알게 되었죠. 저희 행사는 모두가 함께 실행해나갈 수 있는 캠퍼스 지속 가능성에 관한 실제 프로젝트를 학생들이 제안하는 MIT 제너레이터^{MIT Generator} 시리즈가 되었습니다.

학교 고위 관계자들은 강력하게 지지했어요. 학생들은 수십 가지의 프로젝트를 만들어냈고, MIT는 포괄적인 에너지와 기후변화 전략을 향해 몇 걸음 더 나아갔죠.

'함정'과 '길'

내면의 대화　　존재방식　　미끼　　원하는 미래

함정에 빠져 '갇힌 대가'

　이 MIT 이야기에 함정의 비유를 적용해보자. 제이슨은 아무 진전도 없는 대화에 시간을 쏟으며 '갇혀' 있었다. '학교 측에서 지속 가능성 문제를 진지하게 받아들였으면 좋겠지만 이해를 못 하는 것 같아'가 그의 '내면의 대화'였다. 제이슨의 '존재 방식'은 독선적이며 낙담에 빠져 있었다. 여기서 '미끼'는 책임을 회피할 수 있고, 고고한 패배자가 되어 MIT 행정부에 책임을 떠넘길 수 있다는 것이었다. 제이슨은 '저들은 이해 못 하고 있어'라는 확신에 빠졌다. 그가 미끼를 내려놓기 전까지는 새로운 방법을 찾을 수 없었다. 다행히 친구의 도움으로 그는 새로운 길을 발견했다. '어떻게 하면 지속 가능한 캠퍼스를 위한 학생, 교직원, 교수진들의 노력을 조율하고 도움을 더할 수 있을까?'

　우리의 목표는 여러분이 자신의 함정을 인식하도록 도와주는 것이지만, 함정은 눈에 잘 보이지 않기 마련이므로 이 과정이 까다롭다는 걸 미리 말하겠다. '갇히는 대가'는 덤불 아래에 숨어 있다. 갇히는 대가를 치러야 한다는 것을 심지어 인정하지 않을 수도 있다. 일의 진척이 더딘 것을 두고 누군가가 우리 앞에 장애물을 놓았기 때문이라며 다른 사람 탓을 할 수도 있다. 자신의 사고 방식이 문제라고 생각하지도 않을 것이다. 왜냐면 선택한 무엇인가가 **진실**처럼 보이기 때문이다. 다른 사람에게나 스스로에게 '이건 우리가 원하는 것이 아니야!'라고 생각하는 것이 바로 '미끼'인 경우가 많다. 이 모든 것을 인식한다고 해도, 우리가 스스로 판 함정에 빠졌다고 말하기란 어렵다. 미끼를 포기하고 낯선 곳으로 나아가는 위험을 마주하는 것은 훨씬 더 큰 용기가 필요하다.

　다행인 점은 사람은 모두 함정에 빠지고, 함정 안에서 다른 사람들을 발견한다는 것이다! 혼자가 아니라는 것을 알고 나면 스스로를 웃음거리로 삼을 수도 있게 된다. 제이슨과 동료 활동가들은 우리가 '누군가가 해야 한다'라고 부르는 함정 패턴에 빠졌다. 정부가 해야지, 기업이 해야지, 이건 형이 해야지, 이런 당신이 해야지 등 다양한 형태로 나타나는 패턴이다. 문제가 복잡하고 관계된 사람들이 많을수록 특히 유혹적이다. **'누군가가 해야 한다'라고 주장하면 그저 다른 사람을 판단하고 비난하기만 하면서도 문제 해결에 이바지하는 척할 수 있다.**

함정에 갇히는 대가

　새로운 길을 발견하는 첫 번째 단계는 내가 함정에 갇혔다는 사실을 인식하고 스스로 노력해 빠져나오는 것이다. '갇혔다'라는 것은 상대적이다. 우리가 가고 싶은 곳과 비교해야만 갇혔다고 판단할 수 있다. 때문에 내가 빠질 수 있는 함정을 파악하면 목표에 **효과적**으로 도달할 수 있다.

꼼짝 못 하게 갇혀서 생기는 결과들을 냉정하고 명확하게 살펴보자. 꽉 막힌 대화를 방치함으로써 목표와 포부에 관련해 무엇을 포기하고 있는가? 만약 갇혀있지 않는다면 어디로 갈 수 있을까? 여러분이 함정에서 빠져나와 새로운 길을 찾는데 성공한다면 세상에 어떤 도움이 될까? 살펴본 것들이 당신이 갇히게 될 때 생기는 손실, 즉 대가다.

그리고 다른 손실이나 **부수적 피해**가 있을 수 있다. 예컨데 무례하거나 지배적이거나 당혹스러운 분위기가 만들어지면서 인간관계의 생명력에 지속적으로 나쁜 영향을 미칠 수 있다.

머리말에서 살펴본 미카엘라의 이야기를 예로 들 수 있다. 비만과 건강에 해로운 식습관에 대한 갈등이 계속되며 그녀는 일 년 넘게 어머니와 함께 식사하지 않았다.

여러분은 주변 사람들과 사회에 긍정적인 변화를 일으키고자 대화를 시도했을 것이다. 하지만 여러분의 접근 방식 때문에 사람들이 상처받거나 화가 나거나 혼란스러워한다면, 그들이 여러분의 이야기를 들을 가능성이 얼마나 될까? 여러분은 더 나은 세상을 만들고자 하는 여정에 있어 여러분을 지탱해줄 만한 관계를 만들고 있는가? 사람들이 여러분 곁에서 진정성을 가질 기회를 만들고 있는가?

주변을 냉철하게 살펴보고 함정에서 빠져나가기 위한 용기와 에너지를 발휘하려면 갇히는 대가를 직면하고 대가가 무엇인지 쳐다보는 것이 필요하다.

함정에 빠진 대화

다음 질문을 통해 함정에 갇히는 대가를 확인할 수 있다.

- '갇혀 있다'는 것을 어떻게 알 수 있을까?
- 현재는 이루지 못하지만 얻고 싶은 성과는 무엇인가?
- 해결하고 싶지만 해결하지 못하는 문제는 무엇인가?
- 실현하지 못하고 있는 목표와 포부는 무엇인가?
- 초래하고 있을지 모르는 부수적 피해는 무엇인가?
- 현재 나의 소통 방식이 주변 사람들에게 어떤 영향을 주는가?
- 정서적으로나 현실적으로 어떤 영향을 받고 있는가?

다양한 패턴의 함정들

새로운 길을 찾는 두 번째 단계는 나만 함정에 빠지는 것이 아니라는 걸 인식하고 함정에 빠지는 **패턴**을 찾는 것이다. STEP3에서 언급했듯, 사람들의 존재 방식은 **공유**된다. 내면의 대화도 마찬가지다. 우리의 내면의 대화는 같은 그룹, 조직, 운동 단체 내의 다른 사람들로부터 영향을 받으면서 만들어진다. 일단 우리를 갇히게 하는 대화를 파악하면, 그런 대화를 경계하고 앞으로 반복되는 함정은 피할 수 있다. 여러분의 분석을 돕기 위해 지속적인 대화에서 빠지기 쉬운 함정을 표로 만들어 봤다. 여러분이 속한 단체의 함정은 이와 비슷하거나 혹은 여러분의 명분에 더 특화되어 있을 수 있다.

빠지기 쉬운 함정과 미끼

함정	대화의 예	갇히는 대가	미끼
인간 혹은 자연	• 인간이 문제야. 지구에는 사람이 너무 많아. • 자연 문제는 미뤄도 돼. 점박이올빼미 보호보다는 인간의 고통에 더 주의를 기울여야 해.	• 인간과 다른 생명체에 대한 사랑을 표현하는 능력 상실 • 우리가 사랑하는 것을 다른 사람들과 공유하는 능력의 상실 • 인간중심주의, 인간혐오	• **확신하기**: 문제를 단순화하고 다른 사람을 탓할 수 있음
문제 지향적	• 이건 잘못됐어. 왜 이런 식이지? • 지역사회, 나라, 조직에는 문제가 너무 많아.	• 미래보다는 과거에 초점 맞추기 • 주도적, 창의적, 혁신적, 통합적이기보다는 반응적 대화나 행동 • 사람들의 강점이나 역량을 보지 못함	• 상황을 제대로 판단한다는 착각 • 복잡한 세상에서 관심의 대상을 단순화함 • 분노를 쏟을 분명한 적을 규정할 수 있음
누군가 해야 한다	• 회사가 해야…, 정부가 해야…, 그 사람이 해야…. • 나는 못 해. 더 많은 돈, 권한, 넓은 인맥이 필요해. 그러니까 그들이 해야 해.	• 변화를 만드는 데 필요한 힘과 책임을 포기	• **책임 회피**: 비전의 구체화나 실현에 필요한 주인 의식이나 책임감은 없이 세상이 '어떤 모습이어야 하는지'에 대한 생각만 하는 것
독선적인 태도	• 나는 **(쓰레기 분리수거를 철저히 하니까, 자전거를 타니까)** 당신보다 도덕적이야. • 나는 **(과학을 잘 아니까, 체계적 관점을 가지고 있으니까)** 당신보다 더 많이 알아. • 나는 **(행복해지는 방법을 다룬 철학서를 읽었으니)** 당신이 원하는 게 뭔지 당신보다 더 잘 알아. • **(당신이 이해를 못 하니까, 당신은 신경 안 쓰니까, 당신은 이해도 못 하면서 편한 대로 진실을 왜곡하니까)** 나는 당신과 대화도 하지 않을 거야.	• 지지자가 아닌 사람들을 참여시킬 기회 상실 • 우리 vs 그들 관점에 고착	• 불확실한 세상에서 '나는 답을 알고 있다'라는 옳고, 똑똑하고, 우월하며 확신에 가득 찬 느낌 • 다른 사람들보다 우위에 서서 반대편 사람들을 잘못된 사람들이라 치부할 수 있음

나는 발전이 무엇 인지 안다	• 그건 점진적 변화일 뿐이야. 우리에게 진정으로 필요한 것은 획기적 변화야. • 우리는 가장 크고 고귀하며 중요한 문제를 다루고 있어. • 감히 당신들 같은 해양생태 학자 따위가 내 풍력발전소 를 방해하다니!	• 옹호자 집단 사이에서 외딴 섬 되기 • 제한적인 개인적 성장. 다른 사람들로부터 배우거나 그들 과 관계를 맺을 가능성 감소	• 나는 옳고, 상대방은 그르다. • 불확실한 세상에서 얻은 확신 • 정당화한 개인적 문제와 의미
외로운 늑대	• 나는 변화하고 있어. • 그들은 이해하지 못해. • 시스템이 잘못된 거야. 동조 하지 않겠어. • 이건 내 공동체가 아니야.	• 고립, 에너지 소진 • 다른 사람에게 영감을 주거 나 변화를 유도할 수 없음	• 우월하고 정의로운 느낌
마땅히 해야 할 일이다	• 마땅히 해야 할 옳은 일이기 때문에 우리는 (불 끄기, 환경 친화적인 상품을 구매, 쓰레기 를 재활용) 해야 해. • 이것은 도덕적 문제인데 모 두 비용과 이익만 신경 써.	• 공동체 또는 조직 내에 존재 하는 다양한 가치를 통합한 해결책을 마련할 기회를 놓침 • 더 질 높은 동기부여 경험을 나눌 기회를 놓침	• 정의감 느끼기 • 도덕적 우위 주장하기 • 진지하게 갈등과 맞서야 하는 힘든 일 피하기
사심 없음 혹은 이기적임	• 그들은 단지 돈을 벌려고 하 는 거야. • 그렇게 탐욕스러운 사람들 이 문제야. • 그들은 비즈니스를 이해 못 해. 우리는 생계를 유지해야 하고, 아이들 양육도 생각해 야 해. • 그 트리거거들은 비현실적 인 환상 속에서 살고 있어.	• 교착상태와 마비 • 협업의 기회 상실 • 주체성과 외부 영향에 대한 책임 포기	• 나는 옳고 다른 사람들은 그르다. • 경제적 가치와 수익 창출은 다른 사람들에게 의존함 • 경제적 성공에 대한 선망 회피 • 임무 지향적 비즈니스의 도전적 긴장감 회피
지금 당장 !	• 우리가 직면한 문제는 너무 크고 시급해서 교육에 투자 하거나 '합의 도출'에 시간을 낭비할 수 없어. • 비즈니스와 정치계 리더들에 영향을 미치는 것이 가장 중 요해. 그들이야말로 변화를 일으킬 힘을 가진 사람들이야.	• 세대를 아우르는 저력 상실 • 진정성 상실: 단기적인 위기 기반 전략을 사용하는 동시 에 장기적 사고를 옹호하고, 본질적으로 불평등에 기반 을 두고 평등을 옹호하며, 도 움을 주려고 하는 사람들과 의 접촉을 끊음	• 위기감 조성 • 특권: 엘리트 집단을 쫓거 나 그들에 동조함

- 표에서 살펴본 함정이 전부는 아니다. 단지 이 책의 저자들이 계속해서 마주하는 어려움이나 우리와 함께 일했던 사람들에게서 들었던 일반적인 예에 불과하다.
- 여러 개의 함정에 동시에 빠질 수도 있다. 우리와 함께 일했던 한 임원은 앞으로 나아가지도 못한 채 한 함정에서 다른 함정, 또 다른 함정으로 옮겨가며 앞으로 나아가지도 못한 채 함정 사이를 오가기만 했다고 말했다.
- 함정이 여러분의 상황을 완벽하고 정확하게 묘사하지 못할 수도 있다. 요점은 함정들이 여러분 내면의 대화와 미끼 쪽으로 여러분을 이끌 수 있느냐이다. 여러분 자신의 함정을 파악하면 새로운 대화를 만들 수 있는 기회가 생긴다.

실전연습 10

함정 인식하기

일반적인 함정의 종류들에 대해 생각해보면, 우리에게 중요한 문제를 해결하기에 더 효과적인 길을 찾는 데 도움이 된다.

여러분의 친구, 가족, 동료 집단에서 빠지는 함정 중 위의 표에서 찾을 수 있는 것들은 무엇인가? 나는 주로 어떤 함정에 빠지는가?

이런 함정들은 왜 이렇게 까다로운 것일까? 원하는 결과를 만들어내지도 못하는 이런 대화가 왜 흔하게 일어날까? **미끼**를 이해하면 함정을 피하는 데 도움이 된다.

미끼를 찾아 함정에서 탈출하라

14세기 중앙아시아로 거슬러 올라가는 수피교(이슬람교 신비주의 분파) 이야기 '원숭이를 잡는 법'은 미끼에 대한 재밌는 이야기다. 사냥꾼은 체리를 넣은 병 하나로 원숭이를 잡는다. 원숭이가 병 안에 손을 넣어 체리를 움켜쥐면, 주먹을 병 안에서 빼낼 수 없게 되고, 체리를 놓지 못하는 원숭이는 결국 잡힌다.3 인터넷에서는 아프리카의 수렵인들이 현재도 비슷한 방법을 사용해 원숭이를 잡는 동영상을 찾아볼 수 있다.4

세상을 발전시키기 위한 대화에서, 미끼는 병에 든 체리가 아니다. 우리가 문자 그대로 함정에 빠진 것도 아니다. 그런데도 원숭이와 상황은 똑같다. 무언가 보상이 될 만한 것을 손에 쥐고는 그것을 놓을 수도 있다는 것은 잊어버린다. 그 보상은 무엇일까?

먼저 **어떤 것들이 미끼나 보상이 아닌지를 이해하는 것이 중요**하다. 미끼나 보상은 더 나은 미래를 위한 장기적인 목표를 달성하는 것과 **무관**하다. 일을 잘 처리하는 데서 오는 만족도 아니다. 새로운 가능성을 열어주는 건강한 관계에서 오는 기쁨도 아니다. 앞선 것들은 여러분이 진심으로 목표에 헌신하는 이유일 수도 있고, 옹호하는 가치로부터 여러분이 얻으려고 노력하는 것들일 수도 있다. 모두 '좋은' 것들이다. 하지만 비생산적인 대화에 갇히게 하는 미끼는 스스로도 인지하고 있지 못하는 다른 책무commitment이다.

미끼 대부분은 '좋은' 것이 아니다. 우리는 사회적으로, 공적으로 옳으며 도움이 되는 목표들만 추구한다고 말하고 싶겠지만, 미끼는 보통 그보다는 더 **자기중심적**이다. 꽉 막혔던 특정 대화를 돌이켜 보라고 했을 때, 워크숍 참가자들이 종종 첫 번째로 언급한 것은 낙관적으로 묘사한 자신의 미끼였다.

- "제가 변화를 만들었다는 것을 알아요."
- "시간을 절약해 효율적이었어요."
- "제 우정을 지켰어요."

더 깊이 생각해본 후 참가자들은 실상을 자세히 알게 되었다. '변화를 만들었다는 것을 안다'라는 것은 우월감을 느끼며 상대방에게 군림할 수 있다는 미끼였다. 그런 태도를 내려놓았을 때 도움이 되는 변화를 일으킬 수 있는 여지가 생겼다. '시간 절약'은 사실 어려운 대화의 위험을 피한 결과였다. '우정을 지킨' 것은 갈등을 피한 것이었다. 그리고 아이러니하게도, 이런 행동은 오히려 상대방과 친밀해질 기회를 해쳤다.

다시 말해서 "나는 더 나은 세상을 원하지만…"이라는 문장을 완성했을 때, 미끼는 더 나은 세상이 아니며, 여러분이 공언한 목표도 아니다. 로버트 캐건Robert Kegan 과 리사 레이히 Lisa Lahey 가 묘사하는 '숨은 이중 몰입 hidden competing commitment '이다.5 미끼는 문제의 프레이밍, 해당 상황에서의 우리 존재 방식에 보이지 않게 숨겨져 있다.

우리가 사람들을 훈련시켰을 때를 생각해 보면, 미끼를 이해하는 일이 함정을 파악하는 데 있어 가장 어려운 부분일 때가 많다.

인정하기 쉽지 않기 때문이다. **어떤 것을 원한다고 말하면서도 속으로는 다른 것을 원하는 상태는 전형적인 거짓 태도이다.** 좋은 소식은 더 나은 세상을 향한 대화 대부분에서 미끼가 '옳음, 의로움, 확실함, 안전함'의 단 네 단어로 요약될 수 있다는 것이다.6 여러분에게는 어떤 것이 해당하는지 살펴보자.

미끼는 옳거나, 정의롭거나, 확실하거나, 안전하다

네 가지 기본적인 미끼의 특징을 탐구해보자.

옳은 것은 좋다. 학창시절 내내 우리는 매년 옳은 답을 찾은 것에 대한 보상을 받았다. 칭찬 스티커, 좋은 성적, 부모님과 선생님의 인정을 받으며 안정감과 존중감을 느꼈을 수도 있고, 한 번도 그런 경험을 해본 적 없어서 우리가 옳거나, 똑똑하거나, 지식이 풍부하거나, 정확하다고 느낄 때 더 보람이 있을 수도 있다.

정의로운 기분 역시 즐겁고 좋다. 정의로운 존재가 되면 "세상의 변화를 보고 싶다면 나부터 변해야 한다"라는 마하트마 간디 Mahatma Gandhi의 명언을 '잘못' 인용할 수도 있다(흔히 간디의 명언으로 알려져 있으나, 사실 알린 로렌스라는 미국 작가가 1972년 자신의 저서에서 한 말이다). 우리는 종종 무언가를 희생하기도 한다. 붉은색 육류 섭취를 중단해야겠어! 친구들은 전부 금융계에서 일하지만 나는 비영리단체에서 저임금 일자리를 선택했어! 이만하면 됐다! 죄인을 분명히 짚어낼 수 있을 때 성자가 되기란 아주 쉬운 일이다. 게다가 세상에는 나쁜 사람들이 많다.

확신하는 것은 나에게 안정감을 준다. 불확실함은 매우 불편하기 때문이다. 환경을 위해 붉은색 육류를 포기하는데 채소로 만든 대체 육류가 실제로 탄소 배출량이 적은 지를 과연 궁금해 할까? 우리는 대신 '이건 꼭 해야 할 옳은 일이고 모두가 이렇게 해야 해'라고 믿어버리는 쪽을 택한다. 반대로 지구 온난화가 꾸며낸 이야기라고 확신한다면, 어떤 행동을 하기 전 어려운 질문을 던져야 하는 수고스러움을 덜어준다.

안전하다는 느낌은 실패가 걱정되어 우리가 피해온 대화를 생각할 때 가장 자주 나타나는 미끼다. 물론 세상을 바꾸려면 다른 사람을 동참시켜야 하겠지만, STEP3에서 살펴봤던 전형적인 환경 운동가가 주는 인상을 열거한 목록을 생각해보자. 다른 사람이 당신을 독선적이고 정신 나간 트리거 혹은 여러분이 속한 집단이 옹호하는 가치에 해당하는 말들로 조롱할 지도 모르는 위험을 정말 감수하고 싶은가? 상사, 이웃, 부모, 동료들에게 여러분이 신경 쓰는 문제에 관해 입을 열었지만 누군가가 여러분 말을 끊었던 때를 기억하는가? 쓰린 경험이다! 걱정 따위는 마음속에 묻어두고 같은 생각을 하는 지지자들을 만났을 때만 가끔 불평을 늘어놓는 편이 훨씬 '안전'할 것이다.

안전하게 지내기 위한 가장 좋은 방법 중 하나는 행동을 취해봤자 아무런 효과도 없다고 스스로 정당화하는 것이다. 우리는 효과적인 행동을 취하기보다는 옳거나 정의로워지기를 선택하는 경우가 많다. 그편이 훨씬 안전하기 때문이다. 하지만 안전함을 유지하는 것은 효과적이지 못한 데 대한 의미 없는 보상일 뿐이다.

여러분은 아마도 이렇게 조용한 외딴곳에서 세상과 등진 운동가의 이미지에서 자신의 모습을 찾지 못할 수도 있다. "나는 안전함을 추구하지 않아. 당당하게 일어나 사람들에게 변화를 위해 우리가 해야 할 일을 주장하는 일도 문제없이 할 수 있어. 끊임없이 공격 당하면서도 절대 지지 않아." 우리는 이런 식의 농담을 하곤 했다. "나는 구세주가 될 수도 있지만, 순교자가 되는 것에 만족하겠어."

이는 앞서 예로 든 MIT 대학원생 권익 활동처럼 행동주의activism의 초기 단계에 있는 집단이나 개인을 가장 잘 설명하는 말이다. 하지만 순교자 행세를 하는 운동가가 어떤 사람들에게는 용기 있는 것처럼 보이지만, 실제로는 문제를 해결하기 위한 시간과 에너지를 투자하지 않고 자신을 안전하게 지킬 뿐이라는 것을 알 수 있다.

미끼의 숨겨진 본질은 이 모든 상황에서 '거짓'을 만들어 낸다는 것이다. 사람들은 다른 이들에게 옳거나, 정의롭거나, 확실하거나, 안전한 삶이 자신의 목표라고 이야기하지 않는다. 사람들은 모든 사람에게 더 나은 세상이 되길 원한다고 말한다.

진실은 우리는 양쪽 다 원한다는 것이다. 그리고 이는 절대 잘못이 아니다. 인간은 복잡하다. 우리는 단순한 척하느라 길을 잃고 있다.

존재 방식, 내면의 대화, 고착 상태, 미끼에 대해 조금 더 잘 알게 되었으니, 잠시 멈추고 여러분의 상황을 다시 살펴보자.

함정 안의 미끼 인식하기

STEP3에서 확인했던 대화를 생각해보자. 존재 방식, 내면의 대화, 문제의 프레이밍이 내가 옳고 상대방은 잘못되었다는 생각을 하게 만드는데 어떤 역할을 했는가? 어떻게 스스로를 정의로운 존재로 만들었는가? 여러분의 아이디어, 행동, 전략을 확신하는 태도를 취하고 있는가? 여러분의 접근 방식은 충돌, 당혹감, 힘든 일을 피하고 나쁜 인상을 주거나, 곤경에 처하거나, 그 외 다른 결과를 초래하지 않도록 여러분을 안전하게 지켜주는가?

98쪽 표로 돌아가서 미끼에 대한 예들을 살펴보자. 효율성을 희생하면서까지 여러분이 추구하던 잠재적 몰입을 상기시키는 것은 어떤 미끼인가?

함정 파악하기

원하는 대로 진행되지 않았거나 피해왔던 대화를 생각해보자.

'내면의 대화'를 파악해보자. 이 세상의 기본적인 문제가 뭐라고 생각하는가? 여러분 자신과 다른 사람들에 대해 여러분은 어떻게 이야기하는가?

'나의 존재 방식'을 파악해보자. 문제를 다룰 때 여러분의 태도와 말투는 어떠한가? 다른 사람들은 어떻게 느끼며 그들은 여러분에 대해 어떻게 생각하는가? 그들에게 여러분 곁에 있는 것은 어떤 의미일까?

'갇히는 대가'를 파악해보자. 갇힘으로써 여러분이 포기하는 것은 무엇인가? 비효율적이라서 당신이 치러야 하는 대가는 무엇인가? 달성하지 못하고 있는 목표와 포부는 무엇인가? 어떤 부수적 피해를 입히고 있는가?

'함정 안의 미끼'를 파악해보자. 여러분의 문제 프레이밍 방식과 존재 방식이 여러분을 옳거나, 정의롭거나, 확실하거나, 안전하게 해주는가? 대화가 제대로 진행되지 않을 때도 얻는 것이 있다면 무엇인가?

함정을 규정하는 행위 자체가 빠져나오는 길을 찾는 데 도움이 될 수 있다. 우리 워크숍에서도 이런 경우를 많이 봤다. 참가자들은 피식 웃고는 "더 이상 그 전략을 사용하는 일은 없을 겁니다!"라고 말하곤 했다. 여러분도 이런 경험을 하게 될 수 있다. 지금까지 대화를 피함으로써 안전함을 유지해왔다는 것을 깨닫는다면, 불안한 마음이 들 수도 있다. 이제 큰 도약을 원한다는 사실을 알게 되었기 때문이다.

하지만 모두가 이런 경험을 하는 것은 아니다. 진정으로 미끼를 내려놓는 데는 더 많은 용기가 필요하고, 함정에서 빠져나오기 위해서는 더 많은 에너지가 필요하며, 새로운 시도를 하기 전에는 더 많은 상상력과 계획이 필요하기 때문이다.

STEP5에서는 다음 단계로 가기 위한 열쇠를 제공할 것이다. 우리가 진정으로 원하는 것을 분명히 설정하고, 그것을 자신과 다른 사람들에게 과감하게 말하는 일이다. 미끼보다 더 원하는 것을 말로 표현할 수 있다면, 그 미끼를 내려놓을 수 있을 것이다.

√ 우리는 원하는 결과를 얻지 못할 때도 종종 기존의 대화 방식과 전략을 고수한다.

√ 현 상태를 유지하는 데서 미묘하게 이익을 얻기 때문에 우리는 '갇혀 있는 걸' 택한다. 여기서 얻는 이익은 스스로가 만든 함정에 놓여있는 '미끼'다.

√ 운동가들이 일반적으로 빠지는 함정 안에는 미끼가 있다. 함정에는 '독선적인 태도', '누군가가 해야 한다', '외로운 늑대', '나는 발전이 무엇인지 안다' 등이 있다. 미끼를 포기하기 전에는 함정에서 빠져나올 수 없다.

√ 복잡한 문제를 만났을 때, 미끼는 보통 옳음, 정의로움, 확실함을 느낄 수 있게 해준다. 동료 운동가 집단에 숨어있으면 갈등을 피해 안전하게 지낼 수 있다.

———

실전연습: 갈등 상황이었던 특정 대화를 돌이켜 보며 갇히는 대가와 미끼를 포함한 자신의 함정을 파악하라. 우리는 모두 함정에 빠진다. 모두가 겪는 일이라는 것을 알면 웃어넘기고 스스로를 놀릴 수 있게 된다. 함정에서 벗어나려면 내가 갇혀 있단 걸 인지하고 빠져나가고자 노력해야 한다.

새로운 존재 방식
만들기

대화의 목적에 숨어 있는 '내적 동기'와 '외적 동기'는 무엇인가?

내가 지닌 동기는 어떻게 공유해야 할까?

새로운 존재 방식은 어떻게 구현할 수 있는가?

표면적 대화 넘어서기

우리는 왜 양극화와 교착상태에 빠져들게 하는 문제들에 그토록 신경 쓰는 것일까? 대개 어떠한 사안에 대한 지지 의사advocacy의 밑바탕에는 가족, 공동체, 특정 장소에 대한 애정 등 우리에게 영감inspiration을 주는 것이 깔려 있다. 애정과 영감의 범위는 국가, 인간, 다른 생명체로 광범위하게 확대될 수 있다. 우리는 이런 것들의 미래에 대한 꿈이나 비전에서 영감을 얻을 수도 있다. 소중하게 생각하는 사람, 장소, 꿈이 위협받을 때 우리는 한데 모여 어떠한 지지 활동을 한다.

하지만 대화가 교착상태에 빠지면 재미있는 일이 일어난다. 논쟁이나 토론에서 지지하는 것에 관해 이야기할 때 우리는 무력감을 느낀다. 상대방과 나의 우선순위가 같지 않으면 대화가 무의미할까봐 두려워하기도 한다. 그래서 보다 객관적인 방식으로 세상의 문제에 관해 이야기한다. 다른 사람들을 설득할 수 있을 만한 방식으로 문제와 해결책을 표현한다. 즉, **다른 사람들의 잘못된 행동이나 아이디어에 초점을 맞추는 것이다.** 이러한 행동 양식 때문에 우리는 STEP4에서 다뤘던 옳고, 정의롭고, 확실하고, 안전한 느낌을 주는 '미끼'에 걸려드는 것이다.

대화의 벽을 뚫는 일은 우리 자신, 그리고 다루려는 문제를 새롭게 인식하는 것부터 시작된다. 여기에 새로운 존재 방식이 더해지면 완전히 새로운 맥락의 대화가 가능해진다.

다음 가브리엘의 짧은 이야기는 좋은 본보기가 될 것이다.

저희가 먹는 요구르트는 용기 재질이 5번 플라스틱이었는데, 5번은 재활용을 할 수 없었어요. 한동안은 재활용 쓰레기통에서 요구르트 용기들을 골라내 장바구니에 모은 다음 홀푸드에 있는 "김미 5 Gimme 5 (5번 플라스틱 전용 재활용 쓰레기통)"에 넣곤 했죠. 몇 달이 지났는데도 아내 사라는 이 습관을 들이지 못해서, 저는 5번 플라스틱은 장바구니에 모아야 한다고 말해줬어요.

제가 유리한 상황이었죠. 사라는 이 문제에 대한 제 뜻을 이해하고, 저를 사랑하며, 제가 더 나은 세상을 만들기 위해 애쓰는 것도 알고 있었을 뿐더러 결혼할 때도 그 점을 마음에 들어 했으니까요. 그런데도 첫 번째 대화는 아무 효과가 없었어요. 두 번, 세 번, 네 번째 이야기하고 난 후에야 사라는 5번 플라스틱을 따로 분류하기 시작했지만, 세 번 중 두 번은 여전히 기억 못 하고 그냥 버리는 수준이었어요. 그렇게 저는 몇 달을 더 재활용 쓰레기통에서 5번 플라스틱을 골라내야 했는데, 점점 화가 나기 시작하더군요. 결국 사라에게 다시 이야기해야 했어요. "제발 5번 플라스틱은 장바구니에 넣어줘."

그리고 사라의 얼굴을 봤을 때 저는 우리 생각이 같지 않았다는 걸 알 수 있었어요. 저는 그녀가 제 입장, 이 상황에 대한 제 생각, 논리적 근거를 알고 나면 달라질 거라고 생각했어요. 그래서 재활용 쓰레기를 맞는 통에 넣어야 하는 이유를 설명하기 시작했죠.

- 마땅히 해야 할 옳은 일이다.
- 간단하다. 용기에서 번호를 찾아보고 5라고 쓰여 있으면 홀푸드 장바구니에 넣으면 된다.
- 재활용되지 않는 쓰레기를 재활용 쓰레기통에 넣으면 '불순물'이 된다. 불순물이 너무 많으면 그 쓰레기통 전체가 그냥 버려질 수도 있다. 따라서 잘못된 쓰레기를 재활용 통에 넣으면 단지 우리 집뿐만이 아니라 이웃집 쓰레기의 재활용까지 망치게 될 수 있다.

이쯤 되자 사라의 표정이 완전히 변하고 있었어요. 좋은 쪽은 아니었죠. 그 후 몇 주 동안 사라는 5번 용기 분류를 아예 하지 않았어요. 심지어 일부러 장바구니에서 5번 플라스틱을 꺼내 재활용 쓰레기통에 버리기까지 했던 것 같아요. 결국 저는 새로운 방법을 생각해냈죠. "당신은 그냥 재활용 쓰레기를 전부 다 부엌 조리대 끝에 모아놓기만 해. 그러면 내가 매일 쓰레기를 알아서 분류할게."

이 방법은 효과가 있는 것 같았어요. 하지만 몇 달 후 사라가 제게 말하더군요. "난 부모님께 쓰레기 재활용법을 알려드린 사람이야. 조부모님께도 내가 재활용법을 알려드렸지. 친구들 부모님께도 내가 설명해드렸고 말이야. 난 쓰레기 재활용을 좋아했던 사람이야. 그런데 당신과 살면서 이제 재활용 자체가 싫어졌어!"

해결책이라고 생각했던 방법대로 행동한 지 몇 달이 지난 결과가 이거였어요. 아내를 화나게 했고, 쓰레기 재활용 의지를 북돋우기는커녕 꺾어버렸고, 안 그래도 좁은 부엌 조리대 공간을 제 재활용 쓰레기 분류 공간으로 낭비해버린 거예요.

이 상황을 돌아보면, 가브리엘이 '함정'에 빠졌다는 것을 알 수 있다. 쓰레기 재활용에 있어서 '옳고 정의로워지겠다는 미끼'에 걸려든 것이다. 그는 쓰레기 재활용을 후퇴시키고, 부수적인 피해로 아내와의 관계가 악화되는 '대가'를 치렀다. 하지만 단순히 상황을 파악하는 것만으로는 함정에서 빠져나오기 어려웠다.

내적 동기 파악하기

가브리엘은 일을 진행하기 위해 또 다른 거짓을 마주해야 했다. 사라에게 말했던 재활용을 제대로 해야 하는 이유들은 사실 자신이 재활용하는 이유도, 재활용에 대한 헌신을 그녀와 나누고 싶은 마음과도 아무 관계 없었다. 그저 사라를 설득하기 위해 택한 '옳고 정의롭게' 들리는 말들일 뿐이었다. 자신에게 솔직해지자. 가브리엘은 자신도 재활용품을 올바르게 분류하는 것에 관심이 없다는 사실을 깨달았다. 단 한 개의 쓰레기통만 있고, 집에서 굳이 분류하지 않아도 되는 단일 시스템이 있거나, 모든 쓰레기가 재활용되는 방법이 있는 편이 그에게도 더 좋았다. 그가 정말로 원하는 것, 애초에 그가 쓰레기 재활용을 시작하도록 영감을 준 것은 쓰레기가 전혀 없는 아름다운 세상에 대한 꿈이었다. 그 세상에서 사람들은 쉽게 쓰레기를 재활용하고, 각 생물의 부산물을 현명하게 사용하는 자연의 방식을 따른다.

사실 재활용을 둘러싼 갈등이 계속되면서 그는 자신이 더 원하는 것, 즉 아내 사라와의 관계에서 얻을 수 있는 가치와 멀어지고 있었다. 그가 거만하고 똑똑한 척하는 바보 같은 존재가 되기를 제쳐두고 사랑하며 관대한 존재가 되기로 했을 때, 그는 자신이 진정으로 원했던 것이 '사라의 파트너가 되어 우리가 세상에 이바지할 수 있는 최고의 방법을 함께 탐구하는 것'이라는 사실을 깨달았다. 무방비 상태의 감정을 드러내는 표현 대신, 가브리엘은 감정이 개입되지 않고 합리화가 가능한 '재활용 쓰레기를 적합한 쓰레기통에 넣기'라는 사소하고 안전한 게임에 몰두한 것이다.

우리는 STEP5 후반부에서 가브리엘의 이야기로 돌아가 결말에 관해 이야기할 것이다. 지금은 다음 질문의 답을 생각해볼 시간이다. 내가 고민하고 있는 문제는 왜 그렇게 중요한가? 왜 사람들은 투표해야 하는가? 왜 지구 온난화에 관심을 가져야 하는가? 인신매매에 대해 왜 신경을 써야 하는가? 잠시 시간을 내어 내가 고민하고 있는 문제에 관해 생각해보라.

내가 지닌 명분이 중요한 이유는 무엇인가?

여러분에게 중요한 주제, 문제, 명분을 선택하라. 실전연습1의 항목과 실전연습2에서 확인한 교착된 대화의 주제를 참고하자. 노트의 새 페이지 맨 위에 '[나의 명분]이 중요한 이유는…'이라고 쓰자.
그 아래에 생각나는 순서대로 문장을 완성해보자. 최대 열 문장이다.
평소 다른 사람들에게 왜 그들이 해당 문제에 관심을 가지고 행동해야
하는지 설명할 때 예로 들었던 모든 이유와 근거를 전부 적는 것이 포인
트다.

실전연습13에서 적었던 내용에 스스로 찾아낸 패턴이나 아래
제시된 우리의 워크숍 참가자들에게서 발견한 패턴이 포함되어
있는지 살펴보자.

- 우리는 명분을 우리의 경험, 가치관, 감정과 상관없는 이상
  적인 문제로 간주한다.
- 우리는 개인적 가치, 포부, 꿈을 위험이나 돈과 같은 **외적 동
  기**(external motivation, 특정 행동을 취함으로써 얻는 비용과 이익)'로
  해석하고, 이런 외적 동기를 타인에게 전달하며 원래 우리에
  게 영감을 준 것들은 숨긴다.
- 위와 같은 행동을 하는 이유는 우리가 가치 있게 여기는 것을
  다른 사람들은 중요하게 여기지 않는다는 말을 들어서다.

이런 상황에서 다음과 같은 경험을 한 적 있는지 살펴보자.

- 우리 자신, 마음, 사랑에 대해서는 말하지 않고 '사실'만을 공
  유해 본인이 평가받는 위험을 피한다. 안전함이라는 미끼를

붙들고 무력해지지 않으려 한다.

- 다른 사람들을 참여시키려 노력하지만, 그들은 우리가 공유하고 싶어 하는 영감을 받고 자발적으로 주도하는 경험에 스스로 뛰어들지 않는다. 그 과정에서 우리 자신의 자발적 주도 경험 역시 우리에게서 멀어진다.
- 우리는 좌절하고 체념하며 외적 정당성과 동기 부여에 더 크게 의존한다.

여기서 찾을 수 있는 핵심 거짓은 다음과 같은 것들이다. 내가 관심을 두고, 사랑하며, 내가 원하는 미래에 대한 비전을 가지고 있지만, 이것들이 내 신념의 중심에 있지는 않다. 어떤 것에 내 마음이 움직였지만, 그것을 상대방과 공유하고 있지 않다. 게다가 비록 내가 상대방과 나의 신념을 전혀 공유하고 있지 않지만, 그래도 내 마음을 움직인 것에 상대방이 감동하지 않았다는 사실에 화가 난다.

이 고리를 어떻게 끊어야 할까? 우리에게 정말로 중요한 사안을 어떻게 공유해야 할까?

여러분이 특정 사안을 지지하는 동기, 이유, 정당화에 '축구 테스트'를 적용해봄으로써 시작할 수 있다. 운동가들은 왜 사회적 명분보다도 축구 경기에 수백만 명의 사람들을 동원하기가 더 쉬운지 궁금해한다. 하지만 사실 이유는 간단하다. 축구 경기장으로 향하는 사람을 불러세워서 "왜 경기를 보러 가시나요?"하고 물으면 아마 다음과 같이 대답할 것이다.

- "재미있잖아요!"
- "우리 팀은 끝내주거든요!"
- "경기 보러 가는 게 정말 좋아요!"
- "축구 열성 팬이라서요."

만약 여러분이 그들에게 "그 이유는요?"라고 추가로 묻는다면, 몇 가지 사실이나 이유를 들며 왜 재미있는지, 왜 좋아하는지, 왜 자신의 팀이 끝내주는지 설명하기 위해 애쓸 수도 있겠지만, 아마도 가장 기본적인 대답을 하는 사람들이 많을 것이다. "그냥 좋아하니까요."

"좋아하니까요" 혹은 "팬이라서요"는 **내적 동기 혹은 자기 결정적**self-determined **동기**의 예다. 외부 상황이나 이유에 의존하지 않으며 개인의 관심사, 자기 자신의 표현이거나 그냥 그 자체다. 내가 축구를 좋아한다는데에는 근거나 정당화가 필요하지 않다. 그냥 좋아하는 것이다. 축구 테스트는 한마디로 '여러분이 관심 있는 문제를 이렇게 간단하며 분명한 말로 요약할 수 있는가?'를 체크해 내적 동기가 맞는지 확인하는 것이다. 예를 들어 제이슨은 기후변화 문제에 관심을 갖게 된 동기를 이렇게 설명한다.

저는 눈 덮인 산에 감탄하고 해안 도시를 사랑해요. 제 아이들과 손주들이 이런 것들을 주변에서 쉽게 즐길 수 있도록 해주고 싶어요. 저는 복잡한 문제에 머리 쓰는 것을 좋아합니다. 그리고 더 나은 세상을 위한 꿈을 공유하는 사람들과 함께 일하는 데서 자극을 받죠.

이제 실전연습13에서 적었던 이유를 포함해 우리에게 가장 중요한 가치들을 어떻게 공유할지 잠시 생각해보자. 그중 '자기 결정적'인 이유가 있는가? 중요성을 정당화하기 위해 외부 환경에 의지하는가 아니면 문화적 가치에 의존하는가? 다음의 예를 생각해보자. 인신매매를 근절하자는 캠페인이 내게 중요한 이유는….

- 고통받는 사람들이 있기 때문이다.
- 매년 50만 명 이상의 희생자가 발생하기 때문이다.
- 마땅히 해야 할 일이기 때문이다.
- 아이들은 사고파는 대상이 될 수 없다.

모두 인신매매를 종식하기 위해 행동을 취해야 하는 중요하고 타당한 이유다. 하지만 가브리엘이 재활용을 제대로 해야 하는 이유처럼, 이 이유들은 우리가 행동하는 것에 대한 내적 혹은 자기 결정적 동기라고 할 수 없다.

여러분은 아마도 '잠깐, 인신매매를 종식하는 일(혹은 여러분의 다른 명분)이 내게는 개인적으로 중요하고 나는 그 일을 의식적으로 중요하게 생각하고 있다고!'라고 생각할지도 모른다. 만약 정말 그렇다면, 우리는 여러분이 의사소통을 통해 그 동기를 구체화하고 표현할 수 있도록 도울 것이다. 그러면 여러분은 스스로 내적 동기 부여를 통해 이득을 볼 수 있으며, 다른 사람에게도 도움을 줄 수 있다. 이 변화는 우리의 '언어'에서 시작된다.

가브리엘의 재활용 이야기를 다시 살펴보자. 그는 외적 동기를 바탕으로 행동하고 있었다. 자신이 사랑하는 것을 공유하는 대신, 재활용을 제대로 하라며 사실과 근거를 가지고 아내를 지적했다. 우리는 **다른 사람들에게 외적 동기를 투사하면서 우리의 내적 동기를 알게 되는 경우가 많다.**[1] 이 경우 내적 동기를 공유할 수 없을 뿐 아니라, 외적 동기가 내적 동기를 대체하거나 밀어내는 경향이 나타난다. 그 과정에서 가브리엘과 아내의 재활용에 대한 내적 동기는 낮아졌다.

여러분이 이미 자신의 내적 동기에 대해 잘 알고 있으며, 양극화될 가능성이 있는 대화에서도 그것을 쉽게 공유할 수 있다면 멋진 일이다. 하지만 다른 사람들이 나의 설득이나 주장을 무시한다면 갈등 상황이 교착상태에 빠질 가능성은 여전히 존재한다. 그렇다면 우리가 해야 할 일은 상대방의 내적 동기를 이끌어내고 거기에 귀를 기울이며 서로 다른 생각으로 생긴 갈등을 생산적으로 발전시키는 일이다. 그 작업은 STEP7에서 다루겠지만, 이 장에서 파트너와 함께 하는 준비 운동도 도움이 될 것이다. 또한 내적 동기가 밖으로 드러나게 될 유일한 동기인지, 혹은 옳음, 정의로움, 확신을 얻겠다는 의지도 함께 가졌는지도 곰곰이 생각해 볼 필요가 있다. 이는 STEP4와 STEP6에서 주어지는 과제다.

그러나 여러분이 실전연습13에서 했던 답변은 가브리엘이 올바른 재활용을 정당화했던 것처럼 대부분 외부 상황을 언급했을 것이다. 여기에는 문제, 증상, 결과, 옳고 그름에 대한 문화적 가치판단, 그리고 다른 표면적인 사실, 이유, 정당화 등이 포함된다. 그리고 아마 여러분은 자신의 동기가 얼마나 외면적으로 정당화되는지 숨기려고 할 것이다.

사람들은 자신이 뚜렷한 주관을 가지고 행동한다 믿는다. 예를 들어 가브리엘은 '마땅히 해야 할 옳은 일이야'가 자신을 행동하게 만드는 힘, 즉 내적 동기라고 생각하고 싶을 것이다. 그러나 **그것은 일반적으로 옳다고 인정 받는 개념을 나타낸 것일 뿐이지, 그가 사랑하는 것에 관한 개인적 표현이 아니다.** 이 표현은 다른 사람들을 설득하기 위한 그의 신념의 근거로는 충분하지 않다. 물론 가브리엘의 생각 이면에는 자기 결정적인 동기도 있을 수 있지만, 나와 의견이 다른 사람들과 '옳은 일을 해야 한다'라는 주제로 대화를 할 때, 얼마나 효과가 있을까? 사람들의 내면에 기대감과 영감을 불어넣을까, 아니면 죄책감, 수치심, 변화에 대한 사회적 압력을 가져올까?

축구 테스트를 적용해보자. 여러분이 열정 넘치는 축구 팬들에게 왜 축구가 그들에게 중요한지 물었을 때, '마땅히 해야 할 옳은 일이기 때문'이라는 대답을 들을 거라고 상상할 수 있겠는가? 실전연습13에서 여러분이 썼던 답과 비슷한 반응을 보이는 것을 상상할 수 있을까?

앞에서 이야기했던 기후변화 문제에 대한 제이슨의 영감은 '내가 기후변화 해결을 위해 노력하는 이유는…'이라는 표현에서 시작되지 않았다. 기후변화 문제에 힘쓰는 것은 제이슨이 세상에 기여하며 사랑하는 일을 하는 방식이다.

이런 질문을 해볼 수도 있다. 옳다고 여겨지는 통념에 따라 행동해야 한다는 압박을 느끼는가? 자신이나 내가 속한 집단의 다른 사람들 입장에서 특정한 명분을 옹호하는 것이 심리적으로 지치거나 무기력해질 만큼 어렵고, 피곤하고, 좌절감을 주는가? 여러분이 맺는 관계에서 긴장을 조성하거나 다른 사람들과 온전한 상호작용을 하는 데 방해가 되는가? 전적으로 피하게 되는 사람들이 있는가? 이것들은 모두 내면에서 오지 않은 동기에 따라 행동할 경우 생기는 일들이다. **자신과 다른 이들에게 내가 지지하는 가치관에 대해 끊임없이 정당화해야 한다는 것은 피곤한 일이며 자기결정적이지도 않다.** 이제 여러분이 실전연습13에서 설명했던 자신의 행동 동기를 분류할 수 있는지 살펴보자.

내적 동기와 외적 동기 찾아보기

실전연습13에서 적은 답변을 검토하고, 각각의 동기 유형들을 '자기결정적 동기'혹은 '외적 동기'로 표시해보자.

자기 결정적이거나 내적인 동기는 "나는 노래하기 위해 노래한다." 같이 자기 본위적self-referential 이거나 "나는 노래하기를 좋아해서 노래한다", "나는 세상에 평화를 가져오고 싶어서 세계 평화를 위해 노력한다", "나는 재미있어서 그 일을 한다", "나는 도전이 좋아서 그 일을 한다", "성취감을 느끼게 해주는 일이다", "내가 좋아하는 일이다", "이게 나다" 같이 대상이 '자신'을 향한다.

외적 동기는 "(도덕적 권위, 혹은 당신에게 말해줄 수 있는 사실에 따르면) 마땅히 해야 할 일이다", "현재 상황은 잘못되었고, 위험하고, 비용이 많이 들고, 부당하고, 비효율적이고, 불법이고, 건강에 해롭다", "기업, 환경, 사회에 좋은 일·나쁜 일이다"처럼 외부의 요인을 향한다.

다른 사람이 이 대화를 경험한다고 생각하면서 여러분이 쓴 말들로만 평가하라. 말로 표현한 것 이면에 있는 여러분의 생각을 고려해서는 안 된다.

여러분이 주변에 공유한 복합적인 동기에 주목하라. 먼저 언급한 동기는 무엇이고, 몇 가지가 먼저 나온 다음 언급한 것은 무엇인지 주목하자.

자신의 답변을 실제보다 훨씬 더 '자기 결정적'인 것으로 평가하고 싶어 하는 경향에 주의하라. 답변을 추가하거나, 이미 답변한 내용을 수정하거나, 자신의 평가 자체를 바꾸고 싶지는 않은지 살펴보자.

처음 실전연습13을 할 때 생각났지만 어떤 이유에서건 적거나 공유하지 않기로 하고 빠뜨린 동기가 있는지 생각해보자. 이제 그것들을 목록에 추가하고 싶을 수도 있다. 혹은 절대 적지 않겠다는 생각이 더 굳어질 수도 있다. 그것들을 각각 따로 적어보자.

여러분의 성찰 결과를 파트너와 공유하고, 그들에게는 어떤 것이 진정성 있게 느껴지며 영감을 주는지 의견을 구해보자.

우리에게 중요한 사안을 다른 사람들에게 설득하는 일이 어려운 이유는 우리 자신도 그것들을 내면화하지 못했기 때문이다. 사실 그 반대인 경우가 많다. 우리가 아이디어, 장소, 사람, 어떤 집단에 끌리게 되면, 우리 감정과 내적 동기를 공유하지 않는다. 대신 우리의 내적 동기는 다른 사람의 마음을 움직일 것이라고 믿는 외적 동기로 전환하게 된다. 혹은 자신이 믿고 있는 사실을 정당화하기 위해 다른 사람의 외적 동기를 빌리기도 한다.

여러분은 이미 논거를 변경하는 것만으로는 충분하지 않다는 것을 알고 있을 것이다. '쓰레기를 알맞은 쓰레기통에 넣는 것을 좋아하기 때문에 쓰레기를 알맞은 쓰레기통에 넣는 것을 좋아한다'라는 말은 바보처럼 들릴 수도, 진정성 없게 들릴 수도 있다. 물론 그럴 수도 있지만, 개인적으로 재활용을 실천하는 것에 있어선 즐거운 방법이 될 수도 있다. 한 번 시도해보라.

쓰레기를 알맞은 쓰레기통에 넣는 일 또는 다른 나의 어떤 명분이 그 자체로 목적의식이나 만족감을 가져다주지 않는다면, 그것은 여러분이 가장 원하는 것이 아닐 수도 있다.

이 시점에서 여러분은 '나나 다른 사람의 동기가 내적이든 아니든 상관없어. 지구를 구하지 않으면 우리 모두 죽을 거야'라거나 '인권은 너무 중요한 문제라 다른 사람들이 어떻게 생각할지를 고민하며 낭비할 시간이 없어'라고 생각할 수도 있다. 만약 그렇다면 여러분에게는 STEP1에서 언급했던 **파워플레이 전략**이 효과적일 수 있으니 시도해보라. 하지만 여러분은 가브리엘의 결혼생활처럼 상대방과의 관계가 여러분에게 정말 중요한 상황에 처해있을 수도 있다. 목표를 이루기 위해서는 상대방과 장기적이며 지속적인 관계를 맺어야 할 수도 있다. 그런 상황에서는 가브리엘이 그랬듯 외적 동기를 가지고 소통하는 일은 오히려 여러분이 관심을 북돋우려 하는 행동과 가치에서 상대방을 더 멀어지게 할 수도 있다. 이는 여러분이 맺고 있는 관계의 질을 희생하거나, 심지어 무기력하게 만들 수도 있다.

긍정 심리학과 조직연구 분야의 많은 연구에 따르면 내적 동기는 창의성, 어려운 도전 과제를 대하는 끈기, 정신 건강, 인지 유연성, 심화 학습, 복잡한 업무, 긍정적 감정, 참여 등 성공의 열쇠가 될 수 있는 행동과 성과를 이끌어낸다고 한다.**2** 내적 동기는 마음의 평화, 자신과 타인에 대한 수용, 신뢰, 실천적 행동과 관련이 있다. '마땅히 해야 할 옳은 일이다'와 같은 외적 동기는 이런 결과를 만들어 내기에는 부족하다.

진정으로 원하는 것 표현하기

지금까지 여러분에게 진정으로 중요한 문제라고 늘 말해온 문제와 명분은 사실 여러분이 진정으로 원하는 것을 표현하지 못하며, 기껏해야 그보다 더 진전된 사안이나 목표 및 아이디어의 아주 작은 조각일 뿐이라는 사실을 생각하라. 더 큰 가능성의 나의 마음, 이 세상에서의 나의 존재를 설명하는 내적 표현 internal expression 에서부터 시작된다. 진정으로 원하는 것과 그 가능성을 널리 공유한다면 지금 집중하고 있는 문제는 그 부산물이나 파급 효과로서 해결될 수도 있다.

여러분이 진정으로 원하는 미래가 무엇이든, 외부적 요인과 관계없이 그 자체로 추구할 가치가 있는 사안으로 여러분의 마음에 진실하게 와닿을 것이다. '나는 목적이 있으며 동기 부여된 사람들을 원한다. 그것이 바로 내가 원하는 것이다.' 부수적인 이유도 필요 없다. '나는 아내와 사랑이 가득한 동반자 관계를 원한다.' '나는 가족들이 도덕적이며 건전한 사람이 됐으면 한다.' 여러분 스스로 더 큰 미래를 분명히 표현할 수 있다면, 여러분은 내적 동기를 깨닫고 다른 사람들과 공유할 수 있게 될 것이다. 분명 감동적인 경험일 것이며 생각만 해도 뭉클해질 것이다.

진정으로 원하는 것 상상하기

실전연습13에서 여러분이 선택한 주제, 문제, 명분은 여러분이 진정으로 원하는 것을 표현하지 못했던 걸 알게 됐다.

여러분이 앞에서 선택했던 것들은 사실 여러분에게 큰 의미가 없었거나 여러분이 진정으로 표현하고 싶었던 것의 극히 일부분에 지나지 않았을 것이다. 이제 어떤 가능성, 비전, 꿈이 여러분의 마음에 빛을 비추는지 생각해보자. 여러분이 진정으로 사랑하는 것은 무엇인가? 세상과 진정으로 나누고 싶은 것은 무엇인가? 이뤄지기까지 천 년쯤 걸려 여러분이 절대 결과를 볼 수 없다고 해도 노력할 만한 가치가 있다고 생각하는 것은 무엇일까? 결과에 상관없이 자기표현self-expression 을 위해 노력할 가치가 있는 것은 무엇일까? 다양한 방법으로 다음 문장을 완성해보며 어떤 것이 마음에 와닿는지 살펴보자.

나는 …를 하고자 하는 꿈이 있다.
나는 …를 이루기 위해 전념한다.
나는 …를 지지한다.

위의 문장에 얽매일 필요는 없다. 여러분에게 진정으로 와닿는 방법으로 포부를 펼쳐보자. 파트너와 함께 위의 문장을 공유해보자. 서로의 답을 이해할 수 있도록 파트너의 말을 경청하고 조언해보자. 이 연습은 여러분이 더 어려운 대화를 펼쳐나가는 데 있어 매우 중요한 준비 과정이 될 것이다.

내가 진정으로 추구할 만한 가치를 발견하면, 그것을 주변에 공유해라. 여러분이 하는 일에 다른 사람들도 영향을 받고 참여할 혹은 참여하지 않을 기회를 주자. 여러분의 모습으로부터 영감받을 기회를 주는 것이다. 어쩌면 생각도 못 했던 사람이 여러분과 함께 '축구' 혹은 여러분의 다른 꿈을 함께 이루고 싶다며 다가와 놀라게 될 일이 생길지도 모른다.

여러분이 진정으로 무엇을 원하는지 말하는 것은 자신의 내면을 공유하는 일의 한 측면이다. 또 다른 하나는 여러분이 대화를 할 때 보여주는 태도와 관련 있다.

여러분의 존재 방식은 무엇인가? STEP3에서 우리는 존재 방식이 대화의 결과에 미치는 영향을 살펴보았다. 이제는 어떤 결과를 가져오고 싶은지를 생각할 차례다. 미끼를 버려라. 예전의 대화 방식을 버려라. 진정으로 이루고 싶은 것에 주의를 기울여라. 이제 어떤 **존재 방식**을 가져야 할까?

MIT의 리더십 연구자이자 교수인 오토 샤머Otto Scharmer는 '존재함presence'이라 명명한 특별한 경험에 관해 이야기한다. '존재함'은 집중하고 경청하는 특별한 능력을 말한다. 우리 내면의 대화를 제쳐두고 마음을 가라앉힐 때 할 수 있는 경험이다. 열린 생각, 열린 마음, 열린 의지를 가지고 대화에 참여하는 것이다. 그는 '존재함'이 과거의 습관을 버리고 새로운 미래로 나아가는 능력이라고 말한다. 지금이 바로 여러분이 그것을 활용할 때일 수 있다.

새로운 존재 방식 창조하기

지난 STEP들에 걸쳐 돌아봤던 고착된 대화들을 떠올려보고, 다음과 같이 말하는 것을 상상해보자.

- 앞으로의 대화와 관계에서, 내가 정말 원하는 미래와 일치하는
  [   ]한 모습을 보일 거라고 믿어도 된다.

빈칸을 어떻게 채우고 싶은가? 가능히 간단히 표현해보자. 자신에게 말하고 싶은 한 단어나 아주 짧은 구절을 고르고, 그 표현에서 떠오르는 감정을 느껴보자. 이 책에서 아주 중요한 단계다. 지금까지 우리가 해온 많은 노력은 새로운 접근 방식, 새로운 행동, 새로운 결과를 만들어 낼 수 있는 여러분의 '새로운 존재 방식'을 창조하기 위한 과정이었다.
지금은 변화의 순간이고, 그 변화를 만들어낼 힘은 여러분에게 있다. 위의 빈칸에 써야 할 말을 우리가 알려줄 수는 없지만, 여러분이 생각해볼 만한 몇 가지 질문을 제시할 것이다.

- 여러분의 대인관계와 살아가는 사회를 위해 진정으로 원하는 미래는 어떤 모습인가?
- 어떤 존재 방식이 그 미래와 일치하는가?
- 여러분이 지금 그 미래에 있다면 어떤 느낌일까? 여러분의 존재 방식은 어떤 모습일까?

머리로만 생각해서 답하기에는 어려운 질문일 수도 있다. 우리는 사람들이 경험적 활동을 통해 더 명확한 답을 얻게 된다는 것을 발견했다. 우리는 여러분이 원하는 미래를 인식할 수 있도록 돕기 위해 다음의 유도 명상(guided meditation, 훈련된 안내자가 제공하는 구체적인 지침을 따르며 하는 명상)을 준비했다.**4** 못 미덥다고 해도 괜찮다. 워크숍 참가자들도 이 연습에 익숙해지기까지 시간이 걸렸다. 하지만 이후에는 냉철하며 회의적인 태도를 지닌 기업 임원들에게서까지 워크숍에서 했던 연습 중 가장 유익했다는 이야기를 들었던 활동이다.

실전연습 17

유도 명상

똑바로 편안하게 앉아서 심호흡한 다음, 다음 글을 한 단어씩 천천히 느끼면서 읽어보자.

"지금부터 30년 후, 세상에는 여전히 많은 문제가 남아 있다. 하지만 나아진 일들도 많다. 나는 많은 변화에 놀랐으며 감명을 받았다. 여전히 힘겨워하는 사람들도 있지만, 대체로 사람들은 우리들이 상상했던 것보다 훨씬 건강하며 번영하고 있다. 지원을 원하는 사람들을 위해 지지 구조도 마련되어 있다. 지구의 상태에도 긍정적인 변화가 있었다. 하늘과 물은 훨씬 깨끗해졌고, 종과 서식지가 회복되고 있다. 국가들도 생각했던 것보다 더 평화롭다. 상상했던 것보다 더 많은 사람이 활기 넘치고 동기부여 되어 있으며, 더 좋은 세상을 만들기 위해 함께 노력하고 있다."

눈을 감고 방금 읽은 글을 시각화해보자. 이제 다음으로 넘어가자. 이 장소와 시간에 살면서 여러분도 상상했던 미래와 관련이 있다는 것을 느낀다. 혼자 한 일은 아니지만, 젊었을 때 야심 차게 생각했던 것과는 달리 한 가지 일이 만들어 낸 결과는 아니지만, 여러분이 성취한 것(모두가 힘을 합쳐 만들어 낸 교향곡의 한 부분을 담당한 것)은 그 자체로도 충분했다. 그리고 지금 여러분은 이 자리에 서 있다. 아직 해결해야 할 문제들이 남아 있지만, 목표에 도달할 수 있다는 것은 분명해보인다. 극복하지 못할 문제는 아무것도 없다. 세상은 여러분이 다음 세대에 기쁘게 물려줄 수 있을 만한 특별한 곳이 되고 있다. 이제 그 미래를 생각하며 다음에 답해보자.

무엇이 뉴스거리가 되는가?. 우리는 무엇을 먹는가? 사람들은 어떻게 시간을 보내는가? 여러분이 한 번도 같은 편에 있다고 생각한 적 없는 사람들과 함께 이 엄청난 변화를 만들어냈다고 생각해보자. 어떤 생각이 드는가? 그들은 어떻게 서로 모이게 되었는가? 여러분은 어떻게 합류하게 되었는가?

잠시 눈을 감고 이 미래를 좀 더 구체적으로 그려보고, 그 존재 방식을 경험해보자. 여러분에게 어떻게 느껴지는지, 다른 사람들에게는 어떤 모습으로 비칠지 생각해보자. 준비되면 노트의 빈 페이지를 펴서 10분 동안 자유롭게 머릿속에 떠오르는 것들을 글로 써보자. 여러분이 무엇을 보았고, 어떤 느낌을 느꼈으며, 여러분의 존재 방식은 어땠는지에 대한 생각을 꼭 포함해 적도록 하자.

워크숍에서 이 명상을 한 후 우리는 참가자들에게 새로운 존재 방식을 창조하라고 한 후, 그 존재 방식을 소리 내 말하게 시킨다. 워크숍 도중에는 모두가 볼 수 있도록 슬라이드에 적어넣고, 워크숍을 마친 후에는 그 단어들을 데이터로 수집한다. 다음 워드 클라우드는 우리가 참가자들에게서 들은 존재 방식이다.

이 클라우드에서 영감을 얻어 여러분의 상상력을 사로잡는 단어를 골라 그것을 여러분의 것으로 만들어라. 중요한 것은, 옳은 존재 방식이란 없다는 것이다. 일단 시도해보자. 여러분에게 영감을 주는 것, 여러분의 상황과 여러분이 성취하고 싶은 목표에 알맞은 것을 찾아라. 여러분이 원하는 미래와 진정으로 일치하는 존재 방식을 창조하자.

워크숍 참가자들이 창조해낸 새로운 존재 방식5

STEP3에서 앨리스는 어머니의 독선과 비판에 반응해 그녀 역시 독선적이며 비판적으로 행동했다는 것을 알아차렸다. 이런 존재 방식을 버린 후 그녀는 자신이 원하는 세상은 인정과 사랑으로 가득 차 있는 세상이란 걸 알게 되었다. 그녀는 자신이 바라는 사회상과 일치하는, 인정 많으며 다정한 사람이 될 수 있었고, 그녀의 어머니부터 시작해 그녀가 바랐던 목표까지 달성할 수 있었다.

내가 되고 싶은 모습, 만들고 싶은 미래와 진정으로 일치하며 나를 자극하는 새로운 존재 방식을 발견하면, STEP3과 STEP4을 통해 살펴봤던 대화를 생각해보라. 잠시 다른 사람의 입장이 되어보자. 이 세상에서의 그 사람의 경험을 떠올려보자. 스스로에게 '이 존재 방식이 나를 변화시킬 수 있을까?', '이 존재 방식을 시도했을 때 내 마음이 끌리고 동기부여가 될 수 있을까?'라는 질문을 해보자. 이런 식의 공감적 질문은 매우 중요하다. 샤머가 말하는 '열린 마음'**6**이라는 상태에 도달할 수 있게 해준다.

이제 가브리엘의 이야기를 다시 살펴보자. 가브리엘은 사라와 세상에 기여할 방법을 찾아 나갈 수 있는 파트너십을 맺기를 원했다. 5번 플라스틱 재활용에 집착한 탓에 그는 재활용보다 훨씬 더 중요하게 생각하는 것을 망치고 있었다.

사라가 제게 "난 쓰레기 재활용을 좋아했던 사람이야. 그런데 당신과 살면서 이제 재활용 자체가 싫어졌어"라고 말했을 때 저는 말문이 막혔어요.

그날 저는 왜 일이 이렇게 되었는지 곰곰이 생각했어요. 제가 진정으로 원하는 것이 무엇인지, 그리고 우리가 상호작용을 할 때 제가 보여줬던 태도에 대해서도 분명히 했죠. 저는 사라에게 이렇게 말했어요. "5번 플라스틱 재활용 문제에 있어서, 나는 거만하고 아는 체 하는 바보였어. 쓰레기를 올바른 쓰레기통에 버리고 싶다고 말하면서 사실 내가 원했던 건 내가 옳고 당신은 틀렸다고 말하면서 당신에게 창피를 줘서 재활용을 제대로 하게 만드는 일이었던 것 같아. 내가 당신을 깎아내리고 우리 관계의 질을 떨어뜨렸다는 거 알아. 미안해. 앞으로는 내가 사랑스러운 사람이 될 거라고 믿어도 돼. 내가 정말 원하는 건 어떻게 하면 우리가 함께 세상에 기여할 수 있을지 고민하는 온전한 파트너십이야."

사라는 놀랐고, 감동받았고, 동시에 망설였어요. 내 말을 믿고 싶어 한다는 것, 내 말에 감동했다는 것을 알 수 있었지만, 동시에 회의적이었죠. 상관없었어요. 저는 굳게 결심했으니까요. 저는 그 후 몇 주 동안 분류하려고 놔둔 쓰레기를 버렸고, 재활용 쓰레기통에서 5번 플라스틱을 꺼내 홀푸드 장바구니에 넣었어요. 사라가 저를 시험하기 위해 여전히 재활용 쓰레기통에 5번 플라스틱을 버리고 있다는 느낌을 받았지만, 이제 5번 플라스틱 용기는 제 사랑을 증명할 기회였죠. 저는 계속 다정함을 유지했고, 어느 순간부터 재활용 쓰레기통에서 5번 용기가 보이지 않았어요. 하지만 그건 진정한 승리가 아니었죠. 진짜 승리는 아내를 위해 제가 어떤 사람이 되었는가였고, 오늘 제 딸들 앞에서 그런 존재일 수 있게 되었다는 거예요.

책을 더 읽어나가기 전에, 크든 작든, 어떤 식으로든 세상을 발전시키겠다는 목표를 지닌 중요한 대화를 나눌 때 여러분의 새로운 소통 방식을 시도할 기회에 대해 깊이 생각해보기를 바란다.

새로운 존재 방식 구현하기

일단 여러분의 새로운 존재 방식을 담은 단어나 짧은 표현을 적고 나면, 실제로 새로운 존재 방식을 구현해보자. 말로만 "이제 좀 더 **이해심** 많은 사람이 될 거야" 혹은 "더 **용감**해지도록 노력하겠어"라고 하는 것이 아니다. 여러분 안에 이해와 용기가 생겨나게 하자. 마음과 생각을 통해 느껴보자. 그 느낌을 여러분이 보고, 듣고, 스스로가 말하는 방식에 스며들게 하자.

지금 이 순간 여러분은 '하지만 대화에 있어 새로운 태도를 구현하려면 어떻게 해야 할지 모르겠다'라고 생각할 수도 있다. 하지만 괜찮다. 이런 의문은 여러분이 진정으로 새로운 존재 방식을 창조하고 있다는 신호다.

'예수라면 어떻게 할까What would Jesus do?'라는 뜻인 'WWJD'가 새겨진 팔찌를 착용하는 기독교인들이 있다. 여러분의 삶이나 여러분이 좋아하는 이야기 속에서 이미 여러분이 원하는 모습으로 사는 누군가를 상상하는 것은 누구에게나 유용한 방법이다. 내가 원하는 모습을 실천하는 롤 모델이 여러분과 같은 상황에 처했다고 상상해보자. 이 상황을 어떤 식으로 바라볼까? 어떻게 들을까? 다른 사람에게 어떤 식으로 이야기할까? 새로운 소통 방식을 장착해서는 어떻게 생각하고 말하고 행동할까?

STEP3과 STEP4에서 살펴본 대화 내용을 다시 생각해보자. 롤 모델이 내가 처했었던 상황에 처한다면, 그 대화와 상황에 대해 뭐라고 말하게 될까?

한 가지 가능한 결과는 관점의 변화다. 문제에 대한 여러분의 생각은 어떻게 변화하는가? 대화에 임하는 새로운 태도로 여러분이 진정으로 달성하고 싶은 것은 무엇인가? **가브리엘의 목표는 '쓰레기를 알맞은 쓰레기통에 넣기'에서 '어떻게 하면 함께 세상에 기여할 수 있을지 고민하는 온전한 파트너십'으로 바뀌었다.** 대화를 대하는 새로운 태도와 내가 바라는 변화된 상황과 미래는 서로 관련되어 있다. 새로운 생각은 새로운 미래를 가능하게 한다. 새로운 미래를 그려보면 그 미래와 일치하는 더 많은 '존재 방식'을 상상할 수 있다!

여러분이 세상을 위해 원하는 미래와 여러분이 그 안에서 어떻게 존재할 것인지를 잠시 다시 상상해보자.

여러분의 문제가 쉽게 사라질 수 있다는 것에 대한 또 다른 사례다. STEP4에서 소개한 제이슨의 MIT 사례에서 '도움을 주는' 새로운 존재 방식은 '학교 행정부가 충분한 조치를 취하지 않고 있다'라는 문제에서 '어떻게 동료 학생들을 도울 수 있을까?'라는 질문으로 초점을 옮겼다.

문제 상황을 바라보는 관점이 바뀌는 것을 발견하게 될 수도 있다. 98쪽에서도 살펴본 함정인 '문제 지향적'은 종종 우리가 직면하는 즉각적인 장애물에 초점을 맞추고 과거와 현재에서 가능한 제한적인 반응에만 집착하게 한다. 새로운 마음가짐과 태도를 통해 여러분은 문제에서 한발짝 물러나 여러분이 창조하고 싶은 미래에 초점을 맞추고, 거꾸로 거기서부터 시작해 일을 해나갈 수 있다. 그런 관점은 여러분이 대립 중인 사람들을 설득하고 그들이 내가 원하는 미래를 위해 기여하도록 만들 수 있는 더 큰 가능성을 제공할 것이다.

문제 리프레이밍하기

지금까지의 실전연습에서 창조하고 구체화한 새로운 존재 방식에 대해 깊이 생각해보자. 새로운 존재 방식을 지닌 채 고착된 대화를 뚫고 있는 자신의 모습을 상상해보자.

이 새로운 관점, 새로운 위치에서, 여러분이 상상했던 미래를 실행에 옮겼다고 느끼게 할만한 관계의 본질이나 성과 등 고착된 대화에서 여러분이 실제로 얻길 원했던 것을 적어보자.

이제 여러분이 현재의 상태에 대해 관찰한 것을 적어보자. 현 상태와 여러분이 원하는 것 사이의 차이는 무엇인가? 우리의 행동, 생각, 감정 등일 수도 있고, 여러분이 해석하는 상대방의 행동, 생각, 감정일 수도 있다.

어떤 새로운 행동을 취할 수 있을까? 어떤 새로운 대화를 나눌 수 있을까?

여기까지 다다르면 사람들은 까다로운 문제를 발견하기 시작한다. 여러분은 이제 내가 진정으로 원하는 것과 새로운 존재 방식을 분명히 표현했다고 생각할지 모른다. 예전의 존재 방식과 미끼가 어떤 방식으로 나를 방해했는지도 알아챘을 것이다. 스스로가 변하고 있다고 느낄지 모른다. **하지만** 상대방은 이 모든 이야기를 들을 준비가 되어 있지 않을 수도 있다. 그들은 여전히 여러분의 예전 모습을 기대하며 그에 대해 반응할 수도 있다. 이제 우리 여행의 다음 단계로 나아갈 차례다.

STEP5 한눈에 보기

√ 미끼를 버리려면 용기가 필요하다. 핵심은 우리가 진정으로 원하는 것을 명확히 하고 과감하게 주변에 공유하는 것이다.

√ 신념의 밑바탕에는 사람, 삶에 대한 애정, 세상에 대한 아이디어 등 우리에게 자극을 주는 것이 있다. 이를 공유해도 소용이 없으면 우리는 무력감에 빠진다. 그걸 피하려, 우리는 좀 더 객관적인 방식으로 세상의 문제에 관해 이야기한다.

√ 우리의 동기를 인식하는 것은 특정 문제나 옹호 대상이 왜 우리에게 중요한지 이해하는 데 도움이 될 수 있다. 일부는 자기 결정적, 내적 동기들이며, 좀 더 외부 주도적이며 심리적 압박의 형태를 띤 동기도 있다.

√ 고착된 대화를 풀기 위해서는 먼저 우리 자신, 그리고 가장 중요한 문제를 새롭게 각성하는 것부터 시작해야 한다. 이를 통해 완전히 새로운 대화의 토대를 마련할 수 있다.

√ 내적 동기를 파악하는 한 가지 방법은 우리가 창조하고 싶은 미래를 상상해보고 자신을 그 미래에 데려다 놓는 것이다. 우리에게 무엇이 중요한지 이해하는 데 도움이 된다. 또한 새로운 존재 방식을 경험하는 효과도 있다.

√ 새로운 존재 방식을 창조하고 받아들이면 우리 앞에 놓인 문제와 굳어진 대화를 바라보는 방식을 바꿀 수 있다.

실전연습: 특정 문제가 자신, 혹은 내가 속한 집단에 왜 중요한지 진정한 내적 동기를 찾아보자. 이 장에서 제시한 고찰 및 시각화 연습을 통해 창조하고자 하는 미래, 그 미래와 일치하는 새로운 존재 방식을 발견할 수 있다.

STEP

6

벽을 뚫는 대화
시작하기

사람들을 어떻게 설득할 수 있을까?

교착상태에 빠진 대화를 돌파하는 전략은 무엇인가?

벽을 뚫는 대화를 위해선 무엇을 시도해야 하는가?

막혔던 대화 되살리기

지금까지 책을 잘 따라왔다면, 여러분은 다음과 같은 성과를 거 뒀을 것이다.

첫째, 세상을 더 나은 곳으로 만들기 위한 대화 중 원하는 대로 흘러가지 않았던 한 번 이상의 대화를 인식했다. 상황을 바꾸고 싶었지만 미루거나 회피해왔던 대화도 확인했다. 어느 쪽이든 중 요하지만 고착되어 있던 실제 대화를 하나 이상 발견했다.

둘째, 특정 상황을 대하는 나의 존재 방식과 그것이 자신과 상 대방에 대한 나의 견해, 내가 생각하거나 느꼈지만 입 밖으로 내 지 않았던 내면의 대화와 어떻게 연결되어 있는지 확인했다.

셋째, 미끼, 갇힘으로써 치러야 하는 대가를 파악했다.

넷째, 자기 성찰 과정 중 어느 순간 스스로 움찔거리거나 얼굴 을 붉히거나 웃는 자신의 모습을 봤다. 자신의 존재 방식이나 말 투가 내가 원하는 나의 모습, 창조하고 싶은 미래와 얼마나 어긋 났는지 알게 됐다.

다섯째, 특정 상황에서 진정으로 원하는 것이 무엇인지 더 분명하게 파악하게 되었으며 목표를 고려할 때 더 진정성 있고 효과적인 새로운 존재 방식을 창조해냈다.

지금까지 모든 실전연습 과제들을 해왔다면, 여러분은 진정한 진전을 이루었고 대화를 변화시키기 시작했을 것이다. 이제 문제는 '변화를 만들기 위해 어떤 행동을 취해야 하는가?'다.

가장 먼저 알아야 할 점은 자기 성찰에서 실제 새로운 단계로 옮겨가는 과정에서 의심이나 우려를 불러올 수 있다는 것이다. 우리는 자신의 함정에 대한 설명을 소리 내 읽던 사람들이 **'지금까지의 방식이 효과가 없을 거라는 건 알겠어, 그리고 내가 되고 싶은 새로운 나의 모습도 찾았어. 하지만…'**의 과정을 거치는 모습을 종종 발견한다. 이 '하지만' 다음에는 과거에 중점을 둔 상황에 대한 설명이 등장한다. 상대방이 어떻게 생각하고, 느끼고, 존재했었는지에 초점을 맞추는 경우가 많다.

- 그 사람을 설득할 수 있을 것 같지 않아.
- 너무 늦었어. 이미 관계가 악화됐고 기회를 놓쳤어.
- 우리 둘 다 이 상황에서 독선적으로 행동하고 있어. 나는 그 방식을 포기할 수 있을지도 모르지만, 상대방도 그렇게 할 것 같지는 않아.

상대방이 어떤 함정에 빠져 있는지 알아내고 그 함정에 이름을 붙여서 성찰 과정이 균형 있고 공정할 수 있도록 만들어야 할까? 아쉽게도 그렇지 않다. 우리의 자기 성찰이 모두 끝난 후, 우리가 거울이 되어 다른 사람들을 비추고 그들 역시 자기 성찰을 통해 자신들의 대화에 책임을 지도록 변한다면 정말 이상적일 것이다!

사실 이는 거대한 함정이다. 여러분은 다른 사람들이 자기 성찰을 하도록 만들 수 없다. 당신이 여기까지 올 수 있었던 건 이 책을 선택하고, 실전연습 과제를 하기로 선택하고, 성찰하고 배우겠다고 선택했기 때문이다. 저자인 우리가 한 일은 여러분에게 수단을 제공하고, 우리가 함께 있다는 사실을 상기시켜준 것뿐이다. 여러분이 다른 사람의 사고 방식, 그들이 걸려든 게 분명해 보이는 미끼, 갇힌 데 대한 결과를 지적하려고 한다면, 결과는 두 가지다. 첫째, 상대방의 머릿속에서 무슨 일이 일어나는지 정확히 알 수 없으므로 전체적인 그림을 볼 수 없을 것이고, 둘째, 상대방은 자신의 입장을 더 확고히 굳히며 방어적인 태도를 견지할 것이다.

이 여정은 스스로 무방비 상태가 되고, 평소 드러내지 않던 지점들을 드러내고, 과거의 익숙했던 행동을 버리고, 우리에게 일어나지 않은 꿈꾸는 미래를 탐구하는 과정을 포함한다. 따라서 여러분은 자신을 보호하려는 경향과 더불어 새로운 함정을 발견할 것이다. 일례로 **다른 사람의 함정을 파악하려는 행동은 스스로를 옳고, 정의롭고, 확신을 가진 존재로 만드는 좋은 방법**이다! 그리고 변화를 일으켜야 한다는 부담에서 여러분을 안전하게 지키는 좋은 방법이기도 하다. 다시 말해 '갇히기' 딱 좋은 방법이다.

그렇다면 우리는 어떻게 해야 할까?

이제 또 다른 사고 실험 thought experiment 을 할 때다. 함정을 인식하고 그 결과를 상대방 앞에서 입 밖으로 내어 인정하는 상상의 대화다.

새로운 대화 시작하기

상대방과 고착되었던 대화를 새롭게 시작한다고 상상해보라. 빈칸을 여러분의 함정에 대한 진단으로 채우고, 이 말을 상대방에게 큰 소리로 말하는 상상을 해보자. 좀 더 자연스러운 표현으로 문장을 바꿔도 좋지만, 각각의 요소들은 확실히 포함하도록 하자.

- 이전 대화나 회피했던 대화에 대해 이야기하고 싶어요. 지금까지는 제가 제 가치관이나 제가 원하는 사람과 일치하지 않는 예전 존재 방식이었다는 사실을 알게 되었어요.

- 말로는 공개적으로 말한 더 나은 미래를 위한 목표를 원한다고 하면서, 사실은 미끼였어요.

- 저는 이 접근법이 갇히는 대가를 포함해 몇 가지 불행한 결과를 가져온다는 것을 알았어요.

- 이런 접근법을 택해서 죄송해요. 새로운 방식으로 관여하고 싶어요.

- 앞으로 당신은 제가 진정으로 원하는 미래와 일치하는 새로운 존재 방식이 될 거라고 믿어도 돼요. 그리고 만약 제가 예전 모습으로 돌아가는 걸 보면 제게 알려주었으면 좋겠어요.

상황에 따라 이런 대화를 하는 것이 절벽에서 뛰어내리는 기분일 수도 있다. 여러분의 내면을 이렇게 많이 **공개**하는 것이 어색할 수도 있다. 괜찮다! 미끼를 내려놓고 안전 펜스를 넘어가 자신을 무방비 상태로 만드는 것이 필요하다.

이것은 **사고 실험**이라는 것을 기억하라. 여러분이 실제로 실전 연습의 항목들을 상대방에게 소리 내어 말하지는 않을 거란 걸 잘 알고 있다. 이런 대화를 상상하고, 파트너와 역할극을 하는 것만으로도 당신이 정신적 고비를 넘는 데 도움이 될 것이다. 솔직해지는 데 대한 불안감 속에서 사람들은 종종 대범함, 자유, 가능성 등 다른 감정을 경험하기도 한다.

눈치 빠른 독자라면 STEP5에서 가브리엘이 사라와 새로운 대화를 할 때 실전연습19의 틀을 따랐다는 것을 눈치 챘을 것이다. 재활용 쓰레기통을 둘러싼 두 사람의 상호작용에서 전환점이 된 대화였다. 상대방에게 이런 말을 입 밖으로 꺼내어 해야 하는 상황은 어떤 경우일까?

새로운 대화를 열어주는 사과와 인정

실전연습19에서의 시나리오 전략은 기본적으로 '사과'다. 제대로만 한다면, 사과는 관계를 변화시키며 더 튼튼하게 만들 수 있다. 앞으로 나아가는 데 협력할 의지를 만들어낼 수 있다. 기존의 행동 패턴을 깨는 구분점이 될 수 있으며, 앞으로 더 바람직한 미래를 함께 만들겠다는 약속이 될 수도 있다.

사과가 효과를 거두기 위해서는 온전히 마음을 다해야 한다. 존 카도르John Kador의 저서 《효과적 사과Effective Apology》는 훌륭한 자료로, 스탠퍼드대학교의 사회심리학자 카리나 슈만Karina Schumann의

연구와도 같은 선상이다.1 다음 내용은 카도르와 슈만의 연구를
바탕으로 한다.

진심 어린 사과(효과적)

- 잘못을 명시하고, 피해를 인정하고, 사실을 시인한다.
- 상황을 탓하지 않고 책임을 지면서 잘못을 완전히 인정한다.
- 확실하게 반성을 표시한다('죄송합니다'라는 표현 사용).
- 피해를 복구하기 위해 무엇이 필요한지 묻고 그것을 제공한다.
- 문제 행위를 반복하지 않겠다는 다짐을 포함하여 미래에 대해 새로운 약속을 한다.

성의 없는 사과(비효과적)

- 잘못을 넌지시 이야기하거나, 영향을 축소하거나, 사실 여부를 따진다.
- 변명한다. 상대방(또는 제3자)과 책임이나 비난을 나눈다.
- 가식적 반성("그렇게 받아들이셨다면 죄송합니다"라고 말한다)을 한다.
- 조건부 약속, 혹은 실제 행동으로 이어지지 않는 약속을 한다.
- 상대방이나 외부 상황에 따른 약속을 제시한다. 문제 행위가 반복될 수도 있을 가능성을 보인다.

사과하지 않음(해로움)

- 자신의 행동을 정당화하거나 변호한다. 영향이나 사실에 대해 따진다.
- 책임을 회피한다.

- 반성하지 않는다.
- 사과를 원하는 사람의 동기에 의문을 제시한다.
- 문제 행동을 반복한다.

STEP5에서 했던 것처럼 여러분이 되고 싶은 사람을 상상한다면, 여러분은 효과적인 사과의 다섯 가지 요소를 각각 제대로 표현하고 매우 효과적인 사과를 할 가능성이 커진다.

물론 몇몇 독자들은 '죄송합니다'라는 말에 미심쩍은 반응을 보일 수도 있다. 우리 학생 중 한 명은 이렇게 말했다.

어떤 경우에는 '죄송합니다'라고 말하면 힘을 잃게 되는 것 같아요. 전하고자 하는 메시지에서도 멀어지고 불리한 상황에 밀어 넣죠…. 저는 "제 행동이나 말이 'ㅈ'로 받아들여졌을 수도 있다는 것을 이해합니다" 같은 말을 선호해요.

우리가 사과의 언어로 책임을 지는 것이 중요한 과정이라는 것을 알게 된 이유는 여기에 있다. 언뜻 보기에 '죄송합니다'라는 말은 우리의 힘을 포기하고 우리를 '불리한 상황'으로 몰아넣는 것처럼 보이지만, '죄송합니다'의 대체제는 상대방에게 변화의 책임을 떠넘긴다. 비록 여러분은 "당신이 내 행동을 'ㅈ'라고 해석했을 수도 있다는 것을 이해한다"라고 말하지만, 여기 '숨어있는 대화'는 사실 '당신이 틀렸어, 당신은 내 말을 이렇게 해석했어야 해!'일 것이다. 확고한 입장을 가지고 있는 것처럼 보일지 모르지만, 이 접근법은 실제로는 여러분의 힘을 빼앗아 간다. 대화 진행이 상대방의 해석에 의존하게 되는 것이다. 진심 어린 '죄송합니다'는 다르다. 여러분이 새로운 접근법을 시도할 수 있게 해준다. 상대방에게 그들이나 해당 상황이 지닌 문제나 결함이 아니란 사실을 프레이밍 함으로써 여러분에게 권한을 부여하는 것이다.

연구 결과에 따르면, 한 학생이 위에서 말한 것 같은 부분적이고 안전하며 공감을 표현하는 사과는 효과가 없다고 한다.**2** 오히려 역효과를 낼 수도 있다. 책임을 인정하는 완전한 사과가 더 효과적일 가능성이 크다. 법적 이익이 걸려 있지 않더라도, '죄송합니다'라는 말을 유보하는 것은 심리적으로 이점이 있다.**3** 따라서 '죄송합니다'라고 말하는 것은 심리적 '미끼'를 내려놓는 일이기도 하다.

나의 잘못을 드러내는 사과는 상대방과 함께 다른 종류의 힘을 만들어낸다. 서로의 생각과 행동을 지배하려는 시도를 피할 수 있게 해준다. 강력한 사과는 다음과 같다.

- 자신의 더 깊은 가치를 추구하면서 단기적인 심리적 이득을 극복하고 자율성을 발휘한다.
- 사과를 목격하는 모든 사람에게도 같은 가능성을 제시한다.
- 상대방의 인식에 정당성을 부여해 그들이 자신의 더 깊은 가치나 헌신에 집중할 수 있도록 해 준다.
- 두 사람이 함께 행동할 수 있는 자유를 주고, 기존에 굳어있던 상황을 뛰어넘을 수 있는 새로운 해결책과 길을 만들어낼 수 있다.

다음은 워크숍 참가자들이 자신이 만든 함정이라고 인정하고 사과했던 몇 가지 예들이다.

회피했던 대화 돌아보기: 비센테 삼촌. 삼촌의 석유 생산 사업에 있어서, 제 방식은 그 일을 아예 언급하지 않음으로써 안전함을 유지하는 것이었어요. 이 지속 불가능한 사업을 그만두라고 말하면서, 동시에 삼촌을 지적하고 저는 옳은 사람이 되고 싶었던 것 같아요. 제 접근 방식은 우리 사이에 거리를 만들었고, 삼촌과 제 사이를 악화시켰어요.

회사의 이사회에게: 우리의 재활용 서비스를 취소하는 데 있어서, 제 방식은 소극적이었습니다. 돈을 절약하기 위한 좀 더 영향력 있는 방법을 찾고 싶다고 말했지만, 동시에 갈등을 피하고 싶은 마음이 컸습니다. 그 결과 저는 우리 회사의 핵심 가치와 미래에 대한 내 비전을 일치시켜 회사에 기여할 기회를 놓쳤습니다.

잘 풀리지 않았던 대화 돌아보기: 직원 나탈리와 스티로폼 컵에 관해 이야기할 때, 저는 고고한 체하고 잘난 체하는 태도를 유지했어요. 저는 윈-윈 할 수 있는 해결책을 원한다고 했지만, '옳은 입장'이 되고 싶었고 전문가로 인정받고 싶었습니다. 결국 모든 면에서 신뢰를 쌓을 수 없었죠. 과거의 접근 방식을 후회합니다.

공장에서의 인권침해 예방에 대해 식품 서비스 회사 임원들에게: 우리 대화에서 제 태도는 겸손하지 못하고 일방적이었습니다. 인신매매와

강제노동을 막고 싶다고 말했지만, 동시에 여러분을 바꾸면서 스스로 변화를 일으켰다는 느낌을 얻고 싶었습니다. 그 결과 우리가 서로 연결되는 것을 막았고, 좌절감만 만들어냈죠. 저는 새로운 접근 방식을 취하고 싶습니다.

우리는 또한 대화와 글이 혼합된 '인정하기 coming clean' 접근 방식도 봤다. 로라 예이츠는 바이런 펠로십4을 통해 우리의 책을 접하게 되었다. 그녀는 우리가 머리말에서 간단하게 소개했던 그녀의 졸업 기념 여행 이야기를 해주었다.

대화의 주제가 지구 온난화로 흘러갔을 때는 대학 졸업이 일주일도 채 남지 않아, 함께 보낸 지난 4년을 축하하고 있을 때였어요. 친구 한 명이 자신은 과학자들이 그저 모든 사람을 겁주어 행동을 바꾸려 하는 것일 뿐이라고 생각한다고 말했어요. 저는 왜 과학을 믿지 않느냐며 그에게 소리쳤죠. 친구가 하는 말은 듣고 싶지 않았어요. "전부 헛소리야. 너하고 다시는 이 얘기 하고 싶지 않아." 저는 그렇게 대화를 끊었어요.

모두가 얼어붙어 조용해졌어요. 남은 여행은 정말 불편했죠. 그 순간 친구들과 공감할 가능성, 지구 온난화에 대해 소중한 대화를 나눌 기회를 완전히 잃은 거예요.

함정에 대해 살펴보면서 저는 그 대화에서 제가 무엇을 잃어버렸는지 이해했어요. 또한 친구와 제가 그 대화를 기억하는 방식을 바꿀 힘이 제게 있다는 것도 깨달았죠. 다른 방식으로 대화를 다시 할 수 있던 거예요. 그래서 저는 친구에게 편지를 썼어요.

다음은 로라가 쓴 편지 내용이다.

"닉, 그 여행에서 내가 행동한 방식에 대해 **사과**하고 싶어. 네가 사람이 기후변화를 야기한다는 것을 믿지 않는다고 말했을 때, 나는 네게 소리 지르고 갑자기 대화를 끝냈지. 나는 열린 마음을 가지고 있지도 않았고, 네게 진정한 친구가 되지도 못했어. 나는 내가 원하는 친구의 모습도, 인격적인 모습도 아니었고 공격적이고 무시하는 태도로 너를 대했지.

우리가 처음 이 대화를 나눴을 때는 몰랐지만, 기후 과학에 불확실성이 있다는 것을 **인정**해. 어떤 과학이든 불확실성은 내재되어 있지. 그런 불확실성은 내가 지금까지 인생에서 해온 선택을 위협하기 때문에 나를 두렵게 해. 진정성 있게 그 불확실성을 인정하는 대신, 내가 옳고 네가 틀렸다고 주장하면서 네 말의 가치를 의도적으로 깎아내렸어.

내가 반응한 방식은 우리 관계에 상처를 냈고, 함께 대학 시절의 마지막 날들을 편안하게 즐겨야 했던 그때 모든 사람을 불편하게 만들고 서로가 멀어지게 했어.

내가 우정과 사랑을 가지고 말했다면, 나는 이렇게 이야기했을 거야. "기후변화 과학에는 불확실성이 있어. 과학에 내재되어 있는 불확실성은 불가피하지. 나는 인간이 기후변화를 만들었다고 말하는 과학자들의 예상이 사람들이 말하는 것만큼 나쁘지만은 않았으면 좋겠어. 하지만 나는 인간이 자연환경에 변화를 일으킬 때를 대비해서 우리가 가진 영향력을 이해하고 대응책을 마련하는 것이 중요하다고 생각해. 그게 내가 이 분야에서 일하고 공부하기를 결정한 이유야.

만약 내가 너에게든 우리 친구들에게든 다시 그런 식으로 화를 낸다면, 네가 편하게 나를 지적해줄 수 있었으면 좋겠어. 그 일이 일어난 지 거의 한 달이 지나서야 이런 이야기를 꺼내는 것이 이상하겠지만, 그 대화는 우리 졸업 전 마지막 대화였고, 그게 우리의 마지막 기억이 되지 않았으면 해서 말하는 거야. 나는 우리의 우정을 정말 소중하게 생각해. 그리고 우리의 우정이 내게 얼마나 소중한지 전혀 보여주지 못하는 방식으로 행동한 것에 대해 진심으로 사과할게.

사랑을 담아서, 로라."

이 편지를 읽었을 때, 우리는 무방비 상태로 솔직하게 기후변화에 대한 불확실성을 인정하고 사과했던 로라의 태도에 깜짝 놀랐다. 동시에 우리는 진정성도 볼 수 있었다. 닉과 연결되고 관계를 맺으려는 진정한 욕구였다. 또한 우리는 왜 그녀가 환경 리더십 분야에서 일하고 공부하기로 선택했는지, 로라가 자신의 가치를 재확인하는 과정도 볼 수 있었다. 우리는 이 편지의 결과가 몹시 궁금했다.

편지를 다 쓴 후 닉에게 전화를 걸었어요. 좀 더 긍정적인 방법으로 대화를 재개하는 것이 우리의 우정을 돈독히 하는 데 도움이 될지도 모른다는 희망이었죠. 닉에게 이 편지를 읽어주는 행동은, 제 마음을 온전히 터놓게 해 저를 무방비 상태로 만들었고, 그가 더 편안하게 저와 상호작용할 수 있도록 해주었어요. 제가 편지를 다 읽고 나자 닉은 우리 대화 도중 자신이 행동했던 방식에 대해 죄책감을 느낀다고 말했어요. 제가 기후변화에 관심이 많으니, 자신도 거기에 대해 더 많이 알고 싶다고 관심을 보였고요. 그는 우리 둘 다 열정이 넘치는 사람들이어서 그렇게 논쟁을 벌인 게 놀라운 일이 아니라고 농담했어요. 그의 말을 들으면서 제가 모든 대화에 열정과 사려 깊은 '존재 방식'으로 접근한다면, 제 말이 얼마나 더 힘 있고 효과적일지 깨닫게 되었죠.

편지를 쓰는 어렵고 어색한 과정을 통해 저는 기후변화 과학에 대한 확실성이 왜 저에게 중요한 문제인지 분명히 알게 됐어요 잘못된 대화에 대해 닉을 탓했던 태도를 뒤집기 위해, 그 상황에서 제 힘을 되찾기 위해 얼마나 많은 과정을 거쳐야 했는지 생각하자 놀랍고 무섭기까지 했죠.

이 대화 이후로 저는 삼촌, 조부모님, 동료, 교수님, 그리고 다른 사람의 대화에서 공감과 이해의 태도로 그들을 대화에 끌어들이기 위해 의식적으로 노력해왔어요. 예전에는 회피했을 대화가 그 이후로 매우 생산적인 대화가 되었죠!

창조하고 싶은 미래와 밀접하게 유관한 나의 새로운 모습을 선언하는 일은 하나로 연결되어 있다. 그것을 위한 공간을 만들고 그것을 실제로 실천하는 것은 완전히 다른 문제다. 새로운 존재 방식이 활동할 수 있는 공간을 만들기 위해서는 우선 갈등 상황의 대화를 새롭게 시작해야 한다.

편지 쓰기

대화가 막힌 사람에게 편지를 쓰자. 함정의 여러 가지 측면에 대해서
도 인정하자. 실전연습19에서 했던 '상상의 대화'와 로라의 편지를 참
고하되, 여러분의 말을 사용해 여러분의 편지로 만들자.

편지 초안을 작성할 때, 함정의 여러 측면에 관해 이야기한 후에는 말
문이 막힐 수도 있다. '내 존재 방식이 이해와 개방성이라면, 그것은
내가 무엇을 말하는 지와는 상관없어. 내가 어떻게 경청하고 무엇을
질문하느냐에 달린 거야'라고 생각할 수도 있다. 그것도 괜찮다. 다음
장에서는 좋은 질문을 하는 방법을 다룰 것이다. 지금은 '이 대화는 당
신에게 어떤 의미였나요?' 같이 상대방에게 질문하고 싶은 것을 상상
해보는 것으로 충분하다.

이제 실전연습에서 쓴 편지를 사용해 어떻게 상대방의 주의를
끌지 상상해보자. 편지를 보내는 것을 선호할 수도, 직접 소리 내
서 읽어주는 것을 선호할 수도 있다. 혹은 새로운 대화를 하기 전
생각을 정리하는 방법으로 사용할 수도 있다.

한 번에 모든 게 바뀌진 않는다

함정을 규정하고 과거의 접근 방식이 잘못됐음을 인정하는 상상
을 할 때, 어떤 일이 벌어질까? 어떤 생각이 머릿속을 스쳐 지나가
는가? 몸 안에서 어떤 느낌이 드는가? 대화 상대가 어떤 기분일지

상상이 가는가? 상대방이 무엇을 생각하고 또 뭐라고 말할지 상상할 수 있는가?

편지를 끝까지 읽은 상대방은 감동이나 영감을 받을 수도 있다. 자신의 태도에 관해서도 솔직하게 털어놓을지도 모른다. 두 사람은 이전에는 존재하는지도 몰랐던 공통점을 명확히 하고 탐구하게 될 것이다. 극복할 수 없을 것 같았던 문제들을 창의성을 발휘해 해결책을 찾을 것이다. 혹은 가브리엘의 분리수거 상황처럼, 더 큰 무언가를 추구하기 위해 여러분의 오래된 문제들을 완전히 포기하게 될 수도 있다!

물론 이런 일이 당장 일어나지 않을 수도 있다. 상대방이 당신의 새로운 접근법에 흥미를 느끼지만 여전히 의심을 버리지 않는 일도 일어날 수 있다.

우리 학생 중 한 명은 평소 너무 빠르고 위험한 아내의 운전 스타일에 새로운 접근 방식을 시도했다고 말했다. 그는 아내와 늘 다투게 되거나 혹은 아예 함께 차에 타기를 피하고 있었다. 새로운 접근법으로, 그는 아내의 운전 기술을 높이 평가하며 빠른 속도에 대한 그의 두려움을 공유하려고 노력했다. 처음 아내의 반응은 "뭔가 수상해"였다. 그가 여전히 같은 접근 방식을 고수하자, 아내는 더 캐묻기 시작했다. "당신 대체 왜 그러는 거야?"

자연스러운 반응이다. 우리의 동료, 친구, 친척들은 우리가 어떤 식으로 행동할지에 대해 어느 정도 예상을 한다. 따라서 우리가 새로운 태도로 대화에 접근했을 때, 그들이 나의 변화를 완전히 받아들이기를 기대해서는 안 된다.

학생은 자신이 시도했던 함정에서 빠져나오는 법과 관련한 실전연습의 모든 내용을 아내와 공유했다. 그는 가족과 사회의 번영에 대한 바람을 공유했다. 그 결과 그의 아내는 그를 이해했고 제한 속도에 가깝게 운전하며 차량 흐름에 따를 수 있도록 운전 스타일을 조절했다.

미루지 말고 당장 시작하라

우리의 여행은 오래된 존재 방식, 함정과 미끼를 내려놓는 과정을 거쳐 새로운 존재 방식을 창조하는 단계까지 왔다. 편지를 쓰고 새로운 대화를 시작하는 등 새로운 행동을 구상하기 시작했다.

새로운 비전을 갖게 된 지금, 여러분이 행동을 취하거나, 대화를 변화시키거나 창조하고, 세상에 새로운 결과를 만들어 낼 가능성은 얼마나 될까? 때에 따라 다르다. 새해 결심의 성공률은 얼마나 되는지 생각해보자. 우리 두 사람의 성공률은 형편없다. 비전과 결심, 그리고 실제 행동 사이의 중요한 연결 고리는 '의지commitment'이다. 그리고 우리가 말하는 '의지'는 단순히 머릿속에 있는 아이디어가 아니다. 그것은 현실에서의 실제 대화이며, 다른 사람에게 한 약속이다.

행동으로 이어지는 의지는 현실 세계의 시공간과 견고한 관계를 맺고 있다. 그리고 구체적이다. 새로운 대화를 하고 싶다면, 정확히 언제 어디서 할 것인가? 언젠가, 곧, 조만간은 '언제'에 대한 대답이 될 수 없다. '내일'도 안된다. 우리는 늘 운동과 다이어트를 '내일' 시작한다. '다음 주부터 새롭게 운동을 시작할 거야'와 '다

음 주 화요일 오전 7시부터 운동을 시작할 거야'의 차이를 생각해
보자.

벽을 뚫는 대화 시도하기

정확히 언제, 어디서 이전에 고착되었던 대화를 새로운 존재 방식으
로 시도해볼 것인가?

지금이야말로 가장 좋은 때다. 지금이 아니면 언제 하겠는가? 달력이
나 다이어리에 시간을 적어두거나 휴대전화에 알람이나 미리 알림을
설정해두자. 평소 자주 사용하는 수단이어야 한다.

만약 다른 사람과 스케줄을 정해야 한다면, 지금 당장 그 사람에게 문
자, 전화, 이메일을 보내 시간을 정하라.

여러분이 계획대로 실행할 수 있도록 다른 사람의 도움을 빌려라. 파
트너, 배우자, 동료, 친구 등과 여러분의 편지, 대화의 개요 등을 공
유하라. 여러분이 대화를 나눌 정확한 시간을 그 사람에게 알려주고,
그들과 상황과 결과를 공유할 수 있도록 따로 시간을 정하자.

STEP3에서 STEP6까지 오면서 여러분이 해왔던 일을 완성할
수 있는 기회다. 책을 더 읽어나가기 전에 꼭 실전연습21까지 끝
내기를 권한다. 만약 여러분이 아직도 책을 읽고 있으며 실전연습
21을 끝내지 않았다면 주목하자. 여러분은 아마 온갖 종류의 개인
적인 저항에 부딪히고 있을지도 모른다. 로라가 닉에게 전화를 걸
어 그들의 논쟁을 해결하기 전에, 그녀 역시 몇 가지 '심리적 장애
물'을 뚫어야 했다.

- 이 상황을 동료와 공유하고 싶지 않아. 내가 나쁜 사람처럼 보일 거야.
- 닉에게 편지를 주고 싶지 않아. 말다툼한지도 한 달이나 지나서 너무 어색한데다 아마 그는 여러 도시를 돌아다니며 직장을 구하고 새 삶을 시작하는 데 바쁠 거야.
- 닉이 지금 뭘 하고 있는지 모르기 때문에 전화로 편지를 읽어주고 싶지 않아. 전화 받기 곤란할지도 모르는데다 그의 허를 찌르고 싶지 않아.

하지만 로라는 닉과의 관계, 자신의 성장, 그리고 세상을 위해 자신이 원하는 미래가 충분히 그럴만한 가치가 있다고 생각했기 때문에 마음속 장벽을 극복했다.

우리는 록히드마틴, 보스, 프라이스워터하우스쿠퍼스에서 미국 해군에 이르기까지 다양한 환경과 상황에서 이런 기법을 적용하는 것을 봐왔다. 록히드마틴의 연구개발 임원인 브렌트 시걸은 다음과 같이 말했다.

저는 주요 프로젝트의 궤도 변경을 반복적으로 제안하면서 부회장과 갈등을 겪고 있었습니다. 워크숍을 통해 제가 이런 대화를 나눌 때 오만하고 위압적인 태도를 보여줬다는 것을 알게 되었고, 앞으로는 열린 마음으로 차분하게 경청하기로 했죠. 말 그대로 그 다음 날, 부회장과의 회의가 계획되어 있었는데, 15분이었던 회의가 45분으로 길어졌고, 우리는 마침내 결론을 도출해낼 수 있었어요.

이런 이야기들이 우리의 책에 영감을 주었다. 대화가 더 이상 장애물이 되지 않을 때, 모든 것이 가능해진다.

✓ 대화를 되살리는 일은 우리의 잘못과 미끼를 인식하고 우리가 어떻게 대화를 고착시켰는지에 대해 사과하는 것에서 시작된다.

✓ 우리는 때때로 사과가 힘을 포기하는 일이라고 믿기 때문에 사과하는 것을 거부한다. 그러나 사실 사과는 자신을 책임감 있게 만들고 관계를 강화시킴으로써 힘을 만들어내는 일이다.

✓ 사람들은 우리의 사과에 대응하여 행동과 관점을 즉시 바꾸지 않을 수도 있지만, 적어도 변화의 기회는 생긴다. 사과는 대화를 과거에 갇혀 있던 것에서 함께 미래를 창조할 수 있는 수단으로 바꾼다.

✓ 함정을 인정하는 일은 우리를 무방비 상태로 만들기 때문에, 행동을 취하기 위해서는 특별한 수준의 헌신과 책임감이 필요하다. 그러나 그 결과는 그만한 가치가 있을 것이다.

———

실전연습: 역할극을 통해 여러분이 겪었던 함정에 대해 자세히 이야기하고 사과하라. 그런 다음 상대방을 대화에 참여시켜 꽉 막혀 있던 대화를 다시 살아나게 하라.

STEP

7

타협안을 넘어서는 혁신

개인에서부터 사회까지, '관심 영역'이란 무엇인가?

가치관이 상충할 때 절충안은 어떻게 찾을까?

기존의 생각을 넘어 완전히 새로운 혁신안을 창조할 수 있을까?

관점의 차이에서 찾아낸 새로운 가능성

지금까지 우리는 여러분과 함께 갈등을 겪고 있는 대화를 풀어나가기 위해 노력해왔다. 여러분이 실전연습을 해왔다면, 이전에 고착되어 막혀 있던 대화를 뚫어낼 수 있었을 것이다. 여러분은 명백하고 공개적인 방법으로 예전 존재 방식과 미끼에 이름을 붙이고 인정했다. 여러분은 더 친밀한 인간관계, 창조하고 싶은 미래를 만들기 위해 여러분에게 의미 있고 중요한 것을 공유했다. 우리는 이런 과정이 여러분과 상대방이 굳어진 대화 패턴을 깨고 함께 앞으로 나아가는 데 도움이 되었기를 바란다.

하지만 때로는 삶이나 업무에서 이전에 전혀 고착되었던 경험도, 기존의 함정이나 부정적 과거도 없었던 완전히 새로운 상황을 맞닥뜨릴 수도 있다. 아직은 갇히지 않았으니 그 상태가 유지되기를 원하겠지만, 여전히 건너야 할 다리는 남아 있고, 여러분이 보는 세상과 '그들'이 보는 세상 사이에는 갈등이 있다. 아마도 당신은 개인적으로는 관여하지 않았더라도 그들과 양극화 상태에 있는 단체, 회사 또는 정당의 일원일 수도 있다. 아마도 그들은 여러분이 어떻게 행동할 지에 대한 예상이나 고정관념을 가지고 있을 것이고, 여러분은 역시 그들이 어떻게 행동할지 예상하고 있을 것이다. 그런 상황에서 여러분은 함정을 피하고 처음부터 진정성 있고, 강력하며, 매력적이고 창의적인 대화를 나누기를 원할 것이다.

STEP7의 목표는 다양한 영역에 있는 사람들과 함께 창의적이고 긍정적인 결과를 만드는 방법을 여러분에게 가르쳐 주는 것이다. 핵심 전제는 이것이다. 당신은 '우리'와 '그들' 사이의 갈등이 창조적 해결을 가로막는 **장벽**이라고 생각할 수 있지만, 사실 혁신과 번영의 가능성은 그 갈등을 포용하는 것으로부터 시작된다.

양극화라는 관점의 차이를 잠재적 에너지로 생각하자. 그 에너지가 가득 차면, 우리는 감전 위험을 피하듯이 대화를 피하곤 한다. 하지만 우리가 에너지를 충분히 활용하면 매우 유용할 수도 있다. 움직임과 창의성을 자극할 수도 있다. 그 힘을 활용하기 위해, 양극화된 세상에서 꽉 막힌 상황을 뚫기 위한 대화에 접근하는 네 가지 단계를 다음과 같이 소개한다. 이 단계들은 이어지는 내용에서 보다 자세히 설명하겠다.

1. 가치 명료화: 사실에 입각한 논쟁을 넘어 대화의 감정적 진실, 각자가 가장 중요하게 생각하는 것을 이해하기 위해 노력하라.
2. 양극화 인정: 여러분, 여러분의 단체, 그리고 조직의 다른 사람들이 어떻게 그러한 가치들 사이의 상충, 갈등, 양극화에 대한 역사 인식에 기여했는지 인식하라. 내적인 갈등과 양면성을 직시하라.

3. 공간 넓히기: 가치 간의 명백한 상충을 깨뜨리겠다는 의도를 분명히 하라.
4. 새로운 공간 창출: 기존 경계를 넘어 브레인스토밍, 검색, 연결, 창조하라.

가치를 명확히 정의하라

우리가 '옳음, 정의로움, 확실함, 안전함의 미끼'에 사로잡히면, 사람들이 말하고 있는 사실이나 내용에 대화의 초점이 맞춰지는 경향이 있다. 예를 들어 이 책을 쓴 우리 두 사람 모두에게는 '나는 인간이 만든 기후변화가 진짜라고 믿지 않으며, 단지 더 큰 정부와 경제 개입을 위한 핑계라고 생각한다' 등의 발언을 하는 정치적으로 보수적인 친척들이 있다. 이 발언의 사실 여부에 대해 논쟁하는 것이 우리의 일반적인 반응일 것이다. 그들이 과학에 대해 잘못 알고 있는 부분을 지적하고, 기온이 오르고 날씨가 점점 더 이상해지며, 모두 인간이 주도하는 온실가스 배출 때문이라는 것을 증명하는 것이다. 우리는 스스로가 합리적이고, 논쟁적이라고 느끼는 동시에 좌절감을 느낄 것이다! 또한 '무엇을 근거로 그런 말씀을 하시나요?'와 같이 친척들이 하는 주장의 허점을 찌르기 위한 질문을 할 것이다.

그들은 우리의 말 안에 '아무것도 모르면서 이야기하지 마세요'처럼 '숨겨진 말'이 있다고 생각하기 때문에 대화의 어조는 전투적이며 방어적일 것이다. 대화는 잘 풀려야 '그들의 입장'을 대변하는 책이나 인터넷 사이트 링크를 이메일로 받아보는 것으로 끝날 것이다.

친척들과 나눈 대화 중 다른 부분에 주목해보자. '기후변화는 더 큰 정부와 경제 개입을 위한 핑계라고 생각한다.' 이 부분은 사실 과는 거리가 멀다. 여기서 그들은 자신의 **가치관**을 드러내고 있다. 우리가 그 지점에 주의를 기울이면 어떨까?

그들이 원하는 미래가 있다. 기회와 자유를 누리고, 정부 지배 로부터 자유로운 사회다. 과학자들과 환경론자들이 기후변화에 대처하기 위해 그들이 원하는 미래상을 포기하라고 말한다면, 그 들에게는 삼키기 힘든 쓴 약일 것이다.1 하지만 우리는 우리 자신 을 위해 그 가치에 의지할 수 있다. 우리 역시 기회와 자유가 있는 미래를 원하고, **동시에** 기후변화를 완화하고 싶어 한다. 양극단의 두 사람 내지 집단이 모두 원하는 지점에서 바로 창의성을 발휘할 수 있는 **공간**이 생겨난다. 가치 명료화의 필요성은 여기에 있다.

가치 명료화를 위한 관심 영역 모델

나와 상대방의 기본적인 가치를 명확히 하는 데 도움이 되는 많 은 모델이 있다. 우선 '관심 영역 모델'을 소개하고 싶다. 관심 영 역은 사회생활의 다양한 집단 간의 관계에 대해 내가 가진 생각의 범위를 분명히 하는 데 도움이 된다. '더 나은 세상을 만들기 위한' 대화는 학교 시스템 전체, 회사 전체, 가치 사슬value chain 전체, 정 부 전체, 사회 전체, 생태계 전체, 지구 전체 등 늘 전체에 관해 말 한다. 하지만 이 전체는 주로 사람, 집단, 혹은 특정 사람들이 관 심을 두는 인프라와 생태계의 일부분으로 이루어져 있다. 우리가 시스템의 미래에 대해 신경을 쓴다면, 그것은 보통 우리가 그 시

관심 영역 모델

스템의 일부이거나 우리가 염려하는 사람들이 그 시스템의 일부이기 때문이다. 위의 그림은 개인에서부터 '모든 생명'까지, 일부분이 전체에 어떻게 내포되어 있는지를 보여준다.

쟁점, 지지, 운동은 개인의 이익과 집단, 부분과 전체의 이익 사이에 모순이나 갈등이 생기기 때문에 발생한다. 다음은 몇 가지 예다.

- 다른 모든 아이가 예방접종을 받는 한 내 아이는 예방접종을 건너뛰는 것이 안전하거나 편리할 수 있지만, 우리가 모두 예방접종을 거부하면 전염병이 발생하고 많은 아이가 병에 걸릴 수 있다.

- 버스나 자전거보다 차로 출근하는 것이 더 빠를 수도 있지만, 모두가 나처럼 행동하면 교통체증, 대중교통과 자전거 인프라에 대한 투자 부족이 생길 뿐 아니라 모든 사람의 출퇴근 시간이 길어진다.
- 우리는 개인의 장점에 기반을 두어 학교 입학과 취업에 관한 결정이 이루어지기를 원하지만, 이는 사회의 불평등 패턴을 강화할 수도 있다.

갈등 상황에서 어떤 **관심 영역**이 여러분, 그리고 여러분과 갈등을 겪는 사람에게 가장 중요한지를 생각해보자. 어느 한쪽 영역에 관심을 기울이는 상황이 그 영역에 속한 하위 집단의 자유를 침해하는 경우가 있는가? 일단 갈등을 파악했다면, 이제 창조적 잠재력을 발휘할 시간이다.

상대방의 가치를 긍정적인 방식으로 나열하기 시작하면, 의외로 나와 반대되는 곳에 있다고 생각했던 상대방의 가치관에 동의하거나 공감하는 자신의 모습에 놀라게 될 것이다.

전 세계의 지속 가능성을 연구하는 워크숍 참가자 한 명은 회사 최고재무책임자의 저항에 직면했다. 그는 CFO의 가치를 고려하기 시작하며 170쪽 내용과 같은 깨달음을 얻었다.

나와 상대의 가치 정리해보기

내가 중시하는 가치를 적어보자.

- 대화, 관계, 전반적인 여러분의 삶에서 여러분에게 정말로 중요한 것은 무엇인가? STEP5의 실전연습 과제들을 토대로 생각해보자.
- 여러분의 가치는 관심 영역의 어느 곳에 있을까? 여러분은 누구를 지지하는가? 여러분이 보호와 육성에 가장 열정적인 부분 혹은 전체는 무엇인가? 특정한 지역사회, 장소, 단체의 이름을 적어라.
- 더 광범위한 시스템(조직, 지역 공동체, 사회)에서 가장 우선하여 구현해주기를 바라는 특성은 무엇인가?
- 어떤 것이 여러분에게 가장 신성한 가치인가?

이제 이 분석을 여러분이 함께하고 싶은 다른 사람에게 적용해보자. 상대방이 가장 중시한다고 생각하는 가치를 적어보자. 이 가치를 '그 사람이 반대하는 것은…' 대신 '그 사람이 원하는 것은…'이라는 긍정적인 프레임으로 표현해보자.

그 사람의 관심 영역은 무엇인가? 그 사람은 어떻게, 어디서 개인적 가치를 표현하는가?

그는 실제로 매일 지속 가능성에 대해 생각합니다. 그가 진정으로 중시하고 아끼는 것은 회사의 지속 가능성이죠. 만약 우리가 미래에 대한 재정적 계획을 준비하지 못한다면, 우리는 어떤 목표, 지속 가능성도 성취할 수 없을 겁니다.

이 직원은 무엇을 깨달은 것일까? 회사의 환경 정책에 있어서 경제적 비용과 이득, 즉 비즈니스 요소를을 따져야 한다는 CEO의 가치를을 발견한 것이다. 그는 거기서부터 새로운 접근법을 만들어 낼 수 있었다.

양극화를 인정하라

대립 상황에서 서로가 중요하게 생각하는 가치를 확인했다면, 다음 단계는 그러한 가치들이 어떻게 양극화될 수 있는지, 그리고 그 과정에서 자신의 역할은 무엇인지 인식하는 것이다. 이 단계는 취약성과 진정성이 요구되지만, 가장 재미있을 수도 있다.

167쪽에서 제시했던 관심 영역 모델을 생각해보자. 갈등이 발생하면 우리는 종종 **부분과 전체**를 완전히 반대 지점에서 경험하게 된다.

개인의 요구와 집단의 요구 사이의 상충, 균형 또는 선택이 강요된다. 의견이 상충되는 상황에서 우리는 어느 한쪽 편을 든다. 운전, 식사, 재산을 편하게 누릴 수 있는 자유를 지지하거나, 이런 것들을 희생하고 버스 타는 채식주의자로 살며 적은 월급으로 비영리 단체에서 일하거나…익숙한 얘기지 않은가?

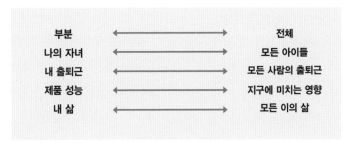

부분	⟷	전체
나의 자녀	⟷	모든 아이들
내 출퇴근	⟷	모든 사람의 출퇴근
제품 성능	⟷	지구에 미치는 영향
내 삶	⟷	모든 이의 삶

부분과 전체의 상충

이것이 우리의 정신적 모델mental model이며 우리가 세상을 보는 방식일 때, 우리가 상상할 수 있는 최선의 결과는 아래쪽 그림에서 보듯 중간 지점이나 타협안인 '절충'이다. 우리가 두 가치 사이의 근본적인 상충을 인식할 때, 우리가 선택할 수 있는 최선의 수는 어떤 가치와 또 다른 가치 사이에 존재하는 절중안에 타협하는 것이다.

우리는 비즈니스 영역에서 이것을 자주 목격한다. 여러분은 '환경친화적 청소 제품'을 사용해본 적이 있는가? 가속 페달을 밟아도 힘없이 나가는 '에너지 효율적' 자동차를 운전해본 적이 있는가? 우리 두 사람은 그 둘을 모두 가지고 있다! 그리고 우리는 이러한 **절충안**에 뿌듯해하며 청소가 말끔히 되지 않은 화장실에서 나와 느린 하이브리드 자동차를 타고 돌아다닌다.

이제 과거의 해결책들을 통해 사람들이 어떤 과정을 겪으며 가치 중 하나를 선택 했는지, 혹은 특정한 가치에 우위를 두고 타협하거나 포기했는지 알아보자. 절충안을 택할 필요가 있는 행동, 제품, 그리고 정책들만 생각하면, 우리의 대화는 상충된 가치 사이에서 방황하다 막히게 될 것이다. 우리는 상대방이 무엇을 원하는지 이야기하고, 내 가치에 더 가까워질 수 있도록 상대방의 가치를 포기해야 함을 정당화하며, 독선의 함정에 빠질 것이다. 만약 이 같은 접근법을 지닌 사람들이 속한 집단에서 활동한다면, 악영향은 커지고 양극화에 고통받을 것이다. 문화적 양극화를 경험하게 된다.

양극화를 인정한다는 것은 먼저 이 이력을 인정하고, 상충 또는 제로섬 게임에 대한 근본적인 이념, 왜 그러한 이념이 존재하는지 선례가 있었음을 확인하는 것이다. 그리고 우리의 양가적인 감정

"지구를 살리세요. 여러분은 죽어도 괜찮아요."
"지구가 먼저입니다, 다른 행성은 나중에 망치도록 하죠."

을 인정하는 것이다. 내 삶과 모든 삶, 제품 성능과 지구에 미치는 영향, 내 아이와 모든 아이들 사이에서 하나를 굳이 선택하고 싶은 가? **둘 중 하나를 두고 다투지 않고 둘 다 선택할 수 없을까?**

양가적 감정을 인정하기란 쉽지 않다. 누군가는 '양가감정 ambivalence'이라는 단어를 매우 혐오할지도 모른다. '양쪽both'을 의미하는 라틴어 'ambi'와 세력strength 을 의미하는 'valentia'에서 유래한 단어다. 때때로 우리는 다른 한쪽을 잘못 판단하면서까지 한쪽을 너무 파고들기 때문에 양극화 너머를 보기 위해서는 깊은 자기 반성이 필요하다. 만약 두 가지 가치 모두 타당하거나 바람직하다고 보고 양극화 상황에서 우리가 해야 할 역할을 인식할 수 있다면 새로운 가능성을 창조할 수 있다.

관심 영역 모델은 관점을 명확하게 하고 넓히는 데 도움이 된다. 모든 상황을 설명해주진 못하지만, 여러분이 더 나은 세상을 만들기 위해 노력할 때 겪게 될 갈등을 보여준다. 여러분은 자신의 삶이 이 땅의 모든 삶 중에서 '일부'라는 것을 알지만, 그럼에도 불구하고 전체와 부분은 서로 상충되는 것처럼 보인다. 마찬가지로 나의 성공은 조직의 성공과 밀접한 관계다. 일단 이 사실을 파악하면, 우리가 정말 원하는 해결책들이 전형적인 대립을 깨고 가치나 목표 양쪽에 기여할 가능성이 생길 것이다.

가치는 정치 성향에 따라 달라진다

정치적으로 격론을 불러일으키는 대화에서는 당과 이데올로기의 기초가 되는 '도덕적 토대moral foundation'를 고려하면서 관심 영역 모델을 강화하는 것이 도움이 될 수 있다. 사회 심리학자 조너선 하이트Jonathan Haidt는 인간은 배려care, 자유liberty, 공정성fairness, 충성심loyalty, 권위authority, 고귀함sanctity이라는 여섯 가지 도덕적 가치에 관심을 가진다고 말한다.**2** 자유주의자, 자유지향주의자, 보수주의자들이 이 가치들의 우선순위를 매기고 이해하는 방식에는 체계적인 차이가 있지만, 모두 각각의 개인이 타고난 가치관이다. 따라서 중요한 것을 탐구할 때 여러분은 이런 의문을 가질 수도 있다. 그들은 무엇을 중요하게 생각하는가? 그리고 우리는 무엇이 신성하다고 생각하는가? 그들은 누구의 자유를 보호하길 원하는가? 그리고 우리는 누구의 자유를 보호하길 원하는가? 우리는 각각 누구를 배려하고, 공정하게 대하고 싶은가? 누구에게 충성심을 표현하고 싶은가, 그리고 우리 각자가 중요하게 여기는 권력 구조는 무엇인가?

도널드 트럼프가 공화당의 대통령 후보로 지명되기 직전인 2016년 공화당 전당대회 당시 클리블랜드 거리에서 오언 슈로이어Owen Shroyer는 그가 있던 술집 앞을 밴 존스Van Jones가 지나가는 것을 봤다. 슈로이어는 자유주의적이고 헌법주의적인 사상을 옹호하는 뉴스 단체인 인포워스Infowars 소속으로, 극우주의를 대변하고 있었다. 존스는 몇몇 사회, 환경 단체를 설립했고 오바마 전 대통령의 녹색 일자리 특별보좌관을 지냈다. 또한 CNN의 토론 프로그램 '크로스파이어Crossfire'에 진보 전문가로 캐스팅된 바 있었다. 형사사법제도의 인종편향 문제를 둘러싸고 전국적으로 경찰과 시위대 사이에서 충돌이 일어난 때였다.

슈로이어와 카메라맨은 술을 마시다 말고 자리에서 일어나 존스의 뒤를 따라가며 인터뷰를 요청했다. 존스는 인종과 인종 차별에 대한 구체적인 질문에 답하면서 지나가는 트럼프 지지자들의 야유를 피했다. 그러면서 그는 양가감정, 그리고 슈로이어와의 관계 변화에 대해 몇 가지 좋은 예를 보여주었다.[3]

훌륭하군요. 난 당신에게서 도망치지 않았어요. 대화를 피한 것도 아니고요. 이건 우리 일이니까요. 나도, 당신도 총을 가지러 가지 않았고, 나도, 당신도 서로 욕하지 않았죠. 우리는 끝없이 논쟁할 수도 있어요… 당신이 경찰차에서 그 흑인 남성이 사망했을때 만큼 울고, 반대로 나는 그 무시무시한 저격수가 그 경찰을 사살했을 때 똑같이 운다면, 모든 일은 다 해결되겠죠. 당신도 장례식에서 울고, 나도 장례식에 울고, 그렇게 우리 둘 다 함께 운다면, 우리는 경찰과 우리 아이들 모두에게 더 나은 세상을 만들 방법을 찾을 수 있을 거예요….

어느 지도자도… 모든 해답을 가지고 있지 않아요. 어느 정당도 모든 해답을 가지고 있지 않죠. 나라가 제대로 돌아가면, 공화당원들이 문젯거리를 가지고 와요. "여기에 드는 비용은 얼마고, 이건 누가 지불할 거죠?" 공화당에게는 좋은 질문이죠. 그들은 "정부가 어떻게든 이 일을 해야 하는 것 아닌가요?"하고 되물어요. 공화당에게는 좋은 질문이에요. 민주당원들은 말하겠죠… "기업이 돈을 버는 것처럼 나라도 그렇게 돌아가면 되는 건가요? 다른 문제는 어떡하지요?" 우리에게 좋은 질문이에요. 우리는 "큰 다수에 의해 무너질지도 모르는 하위 집단은 어떡하죠?" 하고 묻습니다. 이건 좋은 질문이에요… 우리가 옳은 방향으로 가면, 공화당은 자유, 개인의 권리, 제한된 정부에 관해 이야기합니다. 민주당은 "차에 치인 그 사람들은 어쩌고요?"하고 정의에 관해 이야기해요. 모두를 위한 자유와 정의, 이게 미국이에요. 원래 그래야 하는 거예요… 하지만 지금 일어나고 있는 일은 이렇죠. '만약 당신이 자유를 수호한다면, 나는 당신을 인종차별주의자라고 부르겠어.' 만약 내가 정의를 추구하면, 당신은 나를 사회주의자라고 부르겠죠… 이런 일들은 멈춰야 해요.

인터뷰가 끝나자 슈로이어는 카메라를 향해 말했다. "솔직히 말해야겠군요. 나는 인터넷에서 밴 존스를 가장 싫어하는 사람 중 한 명이지만, 밴 존스에 대한 증오의 일부를 다시 생각해봐야겠어요." 그는 존스에게 인포워스에 와서 진보주의자 집단 밖의 사람들에게 아이디어를 공유해주면 어떻겠느냐고 제안했다.

우리가 밴 존스의 이야기를 통해 다른 사람이 신경 쓴다고 생각하는 언어로 여러분의 가치를 단순히 다시 꾸미거나 감추라고 권한다고 여러분이 오해하지 않았으면 한다. 우리는 여러분이 다른 사람들에게 부탁하는 것처럼 다른 사람의 가치를 내면화해볼 것을 제안하는 것이다. 양가감정을 인정함으로써, 여러분은 나의 의견에 동의하지 않는 사람들과의 대화를 탐색할 수 있는 더 좋은 도구를 갖게 될 것이다. 그리고 이 근육을 훈련함으로써, 여러분은 적대적인 대화에서 실시간으로 새로운 양상의 대화를 탐색하는 법을 배우게 될 것이다. 우리는 여러분에게 다양한 가치, 특히 대립되는 가치를 혁신의 원천으로 사용하는 방법을 보여줄 것이다.

우리들의 가치, 그들의 가치

자신의 가치와 여러분이 설득하고자 하는 사람이나 집단의 가치를 생각해보자. 필요하다면, 관심 영역과 도덕적 토대 모델을 사용하자. 내가치와 그들의 가치의 두 가지 목록을 만들어라.

이제 여러분의 삶에서 언제, 어떻게 그들이 가치 있게 여겨졌는지 생각해보라. 다른 상황이라면 여러분이 그 가치를 어떻게 대표할지도 생각해보자. 공통 기반은 무엇인가? 타협할 수 없는 가치가 있다면 무엇인가?

여러분의 가치가 그들의 가치와 어떻게 연관되어 있는지에 대한 이질문에 대한 답을 몇가지 메모해두자.

여러분의 가치와 그들의 가치에 대해 상대 집단의 사람이나 그룹 구성원들과 대화해보자.

- 여러분이 그들의 가치를 정확히 이해했는지 묻고, 그들에게 자신의 가치를 어떻게 설명할 것인지 물어보자.
- 그들의 가치가 여러분과 공명하는 상황에 대해 이야기해보자.
- 여러분의 가치 중 어느 것이 그들과도 관련이 있는지 물어보자.
- 근본적으로 상충하는 문제를 살펴보자.

대화의 공간을 넓혀라

일단 우리의 가치와 상대방의 가치가 모두 유효하다고 인정하고, 상충과 양극화의 이력을 인식하기 시작하면 대화의 벽을 뚫기 위한 기초 공사는 끝난 것이다. 양극화된 일차원으로 세상을 보지 않는다면 이차원적 대화를 만들어낼 수 있다. 사례를 보자.

MFS 인베스트먼트 매니지먼트의 숀 케니와 롭 윌슨은 난관에 봉착했다. 두 사람은 MFS의 투자팀과 함께 고객이 환경, 사회, 지배구조 기준 분석을 그들의 투자 결정 과정에 더 철저하게 적용하도록 돕기 위해 노력해왔다. 그들의 목표는 시장에서 앞서고, 사회적, 환경적 위험과 기회를 더 잘 관리할 기업을 발굴하는 것이었다. 그들이 고객들—연금, 기부금, 기타 기관 투자자들—을 좀 더 참여시키려 하자, 고객들은 '우리는 사회적 책임에 기반한 투자를 하지 않는다. 수탁자는 포트폴리오의 수익을 극대화해야 할 책임이 있다'며 반대했다. 본질적으로 사람들은 '윈윈' 주장을 받아들이지 않았다. 고객들은 아래 그림에서 보듯, 투자 전략의 경제적 성과와 사회적 영향 사이에 강한 '상충 관계'가 있다고 믿었다.

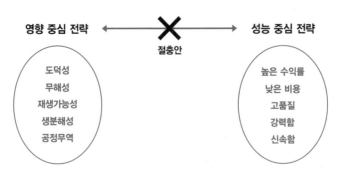

기업과 비즈니스 분야에서 일차원적 대화

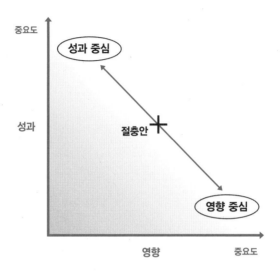

성과와 사회적 영향 사이의 상충 관계에 대한 모델

이러한 절충안 모델은 매우 흔하며 지속 가능한 비즈니스 경영에 대한 노력을 중단시키는 일반적인 경우다.

숀과 롭은 '상충은 늘 존재한다'고 믿는 사람들에게 '상충되는 것은 없다'고 주장하는 일은 무의미하다는 것을 깨달았다. 대신 숀과 롭은 고객들에게 투자 수익률^{ROI} 대 사회적 가치 그래프를 이 차원으로 표현한 슬라이드를 보여주었다. 이성적이고 장기적인 투자자는 사회적 영향과 성과 모두에 관심을 가질 것이다.

179쪽과 180쪽의 그래프는 사회적 가치가 높을수록 수익률은 낮아진다는 면에서 비슷한 하향 곡선의 형태를 띤다. 두 사람은 "이것은 투자 지형을 보는 매우 흔한 방법입니다. 그리고 사실이기도 하죠. 수익률은 낮지만 사회적 영향력은 큰 투자가 있고,

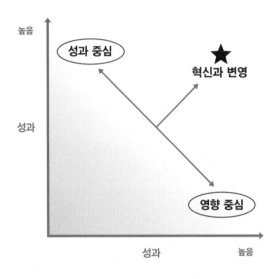

성과 중심

★
혁신과 변영

성과

영향 중심

성과   높음

높음

혁신을 통한 상충 해소

그 반대도 있습니다"라고 말했다. 그들은 이 관점을 입증하기 위한 사례까지 제시했다. 여기에는 임금 인상이 단기간의 재무성과에 미칠 수 있는 부정적 영향, 외부효과가 사회에 의해 제대로 관리되지 않을 경우 독성산업에 대한 투자에서 얻는 높은 단기 수익 등이 포함되었다.[4]

"그리고 저희는 이 선을 밖으로 옮기는 것도 생각해볼 수 있습니다. 즉, 이 상충을 깨뜨릴 수 있는 현명한 투자 전략을 찾는 것이죠. 다른 투자자들이 신경 쓰지 않는 정보에 주목한다면 가능한 일입니다"라고 두 사람은 말했다. 이 시점에서 그들은 잘 설계된 환경, 사회적으로 정통한 전략이 벤치마크 지수를 얼마나 능가할 수 있는지를 보여주는 사례를 제시했다.

우리는 그래프의 변화를 '인식 가능한 상충의 경계를 뛰어 넘어 새로운 영역으로의 진입'이라고 표현했다. 비록 이를 위해선 혁신이 필요하지만, 혁신은 개인, 기업, 사회에 이익을 가져다주며 모두가 만족하고 성공하는 방향으로 우리를 이끈다.

결과는 의미있었다. MFS 팀의 고객들은 이 대화에 긍정적으로 반응했고 그들의 ESG 접근 방식을 진지하게 고려하기 시작했다. 대화를 통해 이전에는 존재하지 않았던 '새로운 공간'을 만들어낸 것이다.

우리는 이 길을 수사적 전략으로 볼 수 있다.

· 잠재적인 '상충' 혹은 '양자택일' 정신적 모델을 묘사한다.
· 그 토대를 이해한다는 것을 보여주는 예를 들어 검증한다.
· 상대방에게 상충을 넘어서는 가능성을 고려하도록 요청한다.
· 함께 그 가능성의 옵션, 그리고 '양쪽 모두both-and'의 목표를 얼마나 잘 충족하는지 생각해본다.

물론 상충을 깨고 양쪽의 바람을 모두 만족하는 해결책이 항상 존재하진 않는다. 하지만 일단 그 해결책들을 밝혀낼 수 있는 대화 공간으로 들어간다는 게 중요하다. 이는 가치 집합을 확장하도록 여러분에게 도전할 사람들과 대화하는 것만으로 가능한 창조적 영역이다.

일차원적인 대화를 넘어서라

세상을 더 나은 곳으로 만드는 데 있어 가장 갈등을 많이 경험하는 곳은 어디인가?

먼저 아래 설명과 같이 갈등을 하나의 선으로, 여러분이 소중하게 여기는 두 가지 가치관의 대립이나, 소중하게 여기는 것 한 가지 그리고 '다른 사람'들이 가치있게 여기는 것 사이의 상충으로 표시하자. 양쪽 끝은 개인의 권리 대 집단적 이익, 자유 대 정의, 경제 성장 대 환경보호와 같은 추상적인 이상^{ideal}일 수 있다. 도시의 유색 인종 대 지방의 백인 같은 사회적 집단이 될 수도 있다. 혹은 우리 부서 대 회사 전체 같은 각각 다른 관심 영역이 될 수도 있다.

- 상충하는 목표 1 ↔ 상충하는 목표 2

한쪽에서 다른 쪽 사이를 계속 오가게 되는가? 한쪽은 '옳은' 쪽으로, 다른 쪽은 '잘못된' 쪽으로 규정한 적이 있는가? 결과적으로 다른 사람들이 한쪽이나 다른 쪽을 '옳은' 혹은 '잘못된' 것으로 구현하도록 만든 적이 있는가? 이제 다음에 나올 그래프와 같이 수평 축에 하나의 값과 수직 축에 하나의 값을 가진 이차원 그래프로 그림을 다시 그려 보자.

어떤 '해결책'이 실제로 절충안이 되었으며, 사람들에게 다른 목표를 달성하기 위해 한 가지 목표를 포기하라고 요구하는가? 이것들은 습관, 제품, 전략, 정책 등일 수 있다.

그래프의 별이 표시한 혁신의 공간을 탐험하면서 한계를 넓히는 상상을 해보자. 그곳에 무언가가 있다고 믿을 수 있겠는가? 만약 여러분이 이 상충을 깨는 것이 가능하다고 상상한다면, 두 가지 가치의 중요성을 더 쉽게 인정할 수 있을까?

만약 여러분의 그림이 여러분의 목표와 다른 사람의 목표 사이의 갈등을 나타낸다면, 어떻게 그 사람을 양극화와 타협을 인정하고 지형을 확장시키는 이 같은 여정에 데려갈 수 있을까?

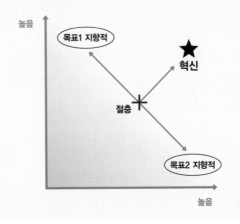

새로운 대화 공간을 창출하라

이 접근법은 가능성의 공간을 고려하고, 옵션을 만들고, 그것들을 평가하는 반복적인 혁신 과정처럼 보인다. 사실, 그것이 핵심적인 기회다. 우리는 사람들이 상충이 존재한다고 생각하는 과거와 현재 우리가 함께 창조할 수 있는 미래에 초점을 맞출 수 있다. 우리는 여러 가지 상충되는 가치를 창의성과 혁신의 **원동력**으로 사용할 수 있다.

갈등을 깨는 아이디어 브레인스토밍

여러분, 혹은 여러분이 속한 조직이나 사회운동의 구성원들은 어디에서 여러 가치나 목표 사이의 상충을 경험하는가? 사람들이 양쪽의 의견을 모두 수용하기는 불가능하다고 냉소적으로 주장하거나, 그런 기회는 어디에나 있다고 순진하게 주장하는 것을 들어본 적이 있는가?

첫 번째로, 한 가지 가치는 높지만 다른 하나는 낮았던 해결책을 비교하여 갈등을 검증하는 사례 목록을 작성하라.

이제 여러분의 예를 한 쪽 혹은 다른 한쪽에서 논쟁을 벌인 사람과 공유하고, 갈등이 존재한다는 것을 인정하자. 만약 여러분이 옳고, 정의롭고, 확실하거나 안전함을 유지했다면, 다시 말해 '미끼'를 물었었다면, 이것 역시 인정하자!

마지막으로, 대립하고 있는 양쪽의 입장이 모두 수용될 수 있는 공간이 신중하게 고려되고 평가될 수 있음을 인식한다. 어떤 탐색이나 브레인스토밍 과정이 그 공간에서 새로운 아이디어를 발견하는 데 도움이 될까?

여러 경쟁 가치에 대항해 이러한 아이디어를 평가하는 방법을 함께 탐구하자. 앞의 '가치를 명확히 정의하라'에서 살펴본 방식을 가이드로 사용하자.

종종 기존 해결책이 관련된 모든 사람들에게 너무 강한 절충안이기 때문에 가족, 조직, 지역사회, 정부가 곤경에 처할 때가 있다. 이를 돌파하려면 새로운 아이디어가 필요하다. 우리가 노선과 상관 없이 함께 모여 서로에게 가장 중요한 것을 명확히 하고 가치들 사이의 갈등을 포용할 수 있다면, 이전에 상상하지 못했던 최적의 결과를 만들어 낼 수 있다. 그리고 이것을 가능하게 하는 연료는 놀랍게도 우리를 꼼짝 못하게 하는 것처럼 보였던 '양극화'가 될 수도 있다.

√ 양극화를 혁신과 행동을 위한 에너지로 전환할 수 있다. 그렇게 하려면 가치들 사이의 갈등을 수용해야 한다.

√ 갈등을 수용하려면 네 가지 단계가 필요하다. 우리가 함정을 파악하는 단계 후 굳어진 대화에서 벗어나도록 도와주며 양극화된 상황에서 새로운 대화에 접근하도록 해준다.

√ 첫 번째 단계는 사실에 입각한 논쟁을 넘어 가치를 명료화하고, 이에 관련된 희망과 두려움을 명확히 하는 것이다. 다른 관점을 이해하는 데 있어서 관심 영역과 도덕적 토대를 고려하자.

√ 두 번째 단계는 양극화를 인정하는 것이다. 상대방의 가치를 고민하는 여러분의 양가감정을 이해하자.

√ 세 번째 단계는 공간을 넓히는 것이다. 어느 쪽의 목표도 만족시키지 못하는 절충을 넘어 가치 간의 명백한 상충 관계를 깨는 해결책을 모색하려는 의지를 드러내자.

√ 마지막 단계는 새로운 공간에서 움직이는 것이다. 기존 아이디어를 넘어 브레인스토밍, 검색, 연결하고 창조하라.

실전연습: 갈등 관계에 있는 사람과 함께 하자. STEP3부터 STEP6까지의 과제를 통해 새롭게 시작된 대화일 수도 있고, 교류하고 싶은 새로운 사람이나 집단과의 대화일 수도 있다.

STEP

8

더 넓은 세계로

나의 행동이 사회적인 영향력을 발휘할 수 있을까?

내가 속한 집단이 사회적인 영향력을 발휘할 수 있을까?

사회운동을 통해 가능성을 찾으려면 어떤 자세를 지녀야 할까?

사회운동으로의 확장

STEP1에서 살펴봤던 이민자 출신 노동자 인권 운동가 세자르 차베스 이야기를 기억하는가? 그는 한 사람, 그 다음 다른 사람과 이야기함으로써 사회운동을 조직했다. 그 이야기에 영감을 받아 이 책은 사람 간의 대화interpersonal conversation 에 초점을 맞췄다. 여러분과 뜻을 함께하는 사람들에게 '누구나 아는 뻔한 이야기'를 하는 것을 넘어 새로운 이들과 한 명 한 명 소통하고 관계를 맺을 수 있도록 여러분을 돕고자 했다.

지름길은 없다. 개별적인 대화 상황을 바꾸지 않고는 집단 대화를 바꿀 수 없다. 앞으로 보게 되겠지만, 여러분이 '더 큰 대화'를 바꿀 수 있도록 우리는 여러분의 개별적인 대화를 훈련하고 준비시킬 것이다. 이 책을 발판삼아 여러분은 대화의 힘이 작용하는 영향력의 범위를 넓힐 수 있다.

책의 저자 중 한 명인 가브리엘은 2015년 녹색 기업 콘퍼런스에서 자신의 재활용 이야기를 개인적 사례로 공유했다. 한 대형 자동차회사의 이사는 "저희는 재활용과 관련한 대화만 수만 번은 반복했을 겁니다"라고 말했다. 가브리엘이 그에 관해 묻자, 그 이사는 "저희가 공장에 판지 재활용 쓰레기가 기름 묻은 헝겊으로 오염되니 조심하라는 이메일을 보내면 오염률이 오히려 올라갑니다. 뒷받침하는 자료들도 있어요. 하지만 여전히 같은 이메일을 보내고 있죠. 저희의 이메일은 아마도 수만 명의 사람이 이전에는 기꺼이 했던 일을 단념하게 만들었을 거예요. 이미 저희 팀의 회의 일정도 잡아놓았어요. 이 상황을 반드시 바꿀 겁니다."

STEP6에서 읽었던 로라와 그녀의 친구 닉에 대한 이야기를 기억해보자. 어떻게 로라가 기후변화에 대해 용기 있게 친구와 다시 대화를 나눴는지 기억하는가? 그 뒷이야기는 다음과 같다.

2015년 인디애나주 정부에서 여름 인턴십을 하는 동안 당시 인디애나주 공화당 주지사였던 마이크 펜스Mike Pence 부통령을 만날 기회가 있었어요. 그는 저를 포함해 주지사의 공무원 여름 인턴 프로그램 중이던 인턴 30여 명을 위해 사무실에서 리셉션을 열었죠. 수년간 당시 주지사 펜스는 EPA(Environmental Protection Agency, 미국 환경보호국)의 청정발전계획(Clean Power Plan, 미국 환경보호국이 발표한 미국 내 발전소의 탄소 배출 규제안)에 대해 목소리를 높여 반대해왔어요. 그는 환경보호에 크게 관심이 없는 것으로 알려져 있었죠. 예전 같았다면 굳이 그와의 만남을 기대하지 않았을 거예요. '이런 데 낭비할 시간 없어' 혹은 '어차피 나는 아무 영향도 미칠 수 없을 거야' 같은 생각을 하며 리셉션에 참석하지 않았겠죠. 리셉션에 가기로 했든 아니든, 그런 존재 방식은 자기만족적이었을 거예요.

하지만 닉과의 경험을 바탕으로 저는 동정심과 이해를 가지고 자리에 참석했어요. 저는 펜스에게 인디애나주 환경 리더십의 미래에 대해 질문을 했고, 놀랍게도 그는 제 의견을 물었어요. 저는 제가 인간과 환경의 건강을 보호하기 위해 애쓰고 있으며, 그 일환으로 공공정책과 환경과학 분야의 학위를 받기 위해 대학원에서 공부 중이라고 말했어요. 그리고 소규모 기업들에 복잡한 환경 규제를 안내하고 경제적 성공과 환경 건강을 보장하기 위한 무료 기술 지원을 제공하는 인디애나주 프로그램에 관해 이야기했어요.

그는 영감을 받았는지 그 자리에서 모든 인턴을 대상으로 인디애나주 천연자원의 아름다움에 대해 말하고 주 정부 최고위층에서부터 환경 문제에 대한 책무가 있다는 즉석연설을 했어요. 펜스로부터 들은 가장 친환경적인 연설이었고, 앞으로 몇 년 안에 중요한 정책 결정을 내릴 사람들을 대상으로 한 연설이었죠. 저와 동료들은 깜짝 놀랐어요.

일 년 후 펜스 주지사는 도널드 트럼프와 함께 부통령 선거운동을 하며 전국을 돌았어요. 1차 대선 토론에서 기후변화에 대한 언급이 나온 뒤 트럼프의 캠페인 매니저는 트럼프가 "지구 온난화가 인공적인 현상이라고 믿지 않는다"라는 성명을 발표했어요. 펜스는 그 주 후반 CNN 인터뷰에서 지구 온난화에 대한 트럼프 측의 입장에 대해 크리스 쿠오모Chris Cuomo에게 질문을 받았는데, 그는 "이 나라와 세계 각국에서 벌어지는 활동이 환경과 기후에 어느 정도 영향을 미친다는 것은 의심의 여지가 없다"라고 답하더군요.[1]

저는 트럼프와 공화당 지도부의 입장과 정면으로 모순되는 펜스의 선언에 충격을 받았어요. 인턴 리셉션에서의 우리의 대화가 어떤 직접적인 정책 결과를 낳은 것인지, 혹은 그것이 펜스의 개인적 신념에 얼마나 영향을 미쳤는지는 몰라요. 제가 말할 수 있는 것은 그날 리셉션에 참석해서 어려운 대화를 나누기로 저의 결정에 너무나 깊이 기특한 마음을 갖고 있다는 거예요.

지금 있는 곳에서 시작하라. 여러분과 가장 가까운 사람들과 대화를 할 때, 여러분은 세상이 필요로 하는 대화를 만들어내는 법을 배우게 될 것이다. 자신감을 쌓고 다른 사람들과 공유할 수 있는 새로운 길을 발견할 것이다. 어쩌면 여러분은 HPE의 존과 같이 여러분의 대의명분을 위해 새로운 언어를 시도할 수도 있고, 인터페이스의 조이스와 멜리사처럼 산업 전체를 변화시키는 아이디어를 생산할 수도 있다. 나만이 접근할 수 있는 사람이 있다는 것을 잊지 마라. 다음 선거에서 한 표를 던지거나 영향력 있는 위치로 옮겨갈 사람도 있을 것이다. 어디서부터 연습을 시작해야 할지 너무 집착할 필요는 없다. 먼저 한 사람에게 말을 걸고, 그다음에 또 다른 사람에게 말을 걸면 된다.

집단적 대화를 바꾸기 위한 공동의 노력

그러나 어느 시점에서 여러분은 뒤로 물러서서 이것이 집단적 규모에서는 어떤 모습으로 작동하는지 보고 싶을 것이다.

여러 사람이나 집단 전체가 함정에 빠지면 어떻게 될까? 만약 우리 사회운동에 참여하는 사람들이 체계적으로 미끼를 내려놓고, 대화를 되살려내고, 창의적인 방식으로 갈등을 포용한다면 어떻게 될까? 어떤 새로운 대화가 등장하고 우리의 움직임을 규정할까? 사람들이 우리에 대해 어떤 경험을 할 수 있을까? 어떤 결과가 생길까?

이 책이 다루는 목표는 교착상태와 양극화를 뚫고 나갈 수 있는 길을 만드는 것이다. 함정과 갈등이 우리를 방해할 지라도 우리는 앞으로 나아갈 수 있다. 길은 특정한 개별 대화 집합에서 집단적 대화로 우리를 데려가는데, 그 대화는 축적과 강력한 집단적 결과를 통해 가능해진다. 그곳에 도달하기 위해, 우리는 이 책의 도구들을 더 넓은 맥락에서 적용할 것이다. 핵심 갈등과 함정의 파악, 그것들을 수용하고 변화시키기 위한 노력, 그리고 새로운 담론을 창조하기 위한 건설적인 행동이다.

STEP8에서 우리는 지속 가능성 사회운동에 대한 경험, 우리가 알고 있는 익숙한 갈등과 함정에 대한 성찰을 발판으로 삼을 것이다. 사례를 살펴보는 목적은 우리의 경험을 다른 사회운동이나 대화에 유리하게 활용할 수 있도록 하는 데 있다. 우리는 사회정의(교육과 형사사법 개혁 등), 공중 보건과 안전(의료 개혁과 흡연, 비만, 총기 폭력 캠페인 등)을 위해 노력해온 사람들 간의 유사점을 확인했었다. STEP8의 과정은 더 나은 세계를 위한 비전 달성에 주안점을 두며, 양극화와 교착상태를 넘어서지 않고는 성공할 수 없는 모든 사회운동의 리더들과 관련이 있다.

사회운동의 핵심 갈등과 함정

개별 대화에서 전체 사회운동에 이르기까지 함정과 갈등의 요소를 파악한다는 것은 무엇을 의미할까?

지속 가능성을 지지하는 수많은 사람과 단체들을 모을 때 어떤 일이 일어나는지 생각해보자. 다음은 우리의 경험이다. 우리는 핵심적인 갈등과 씨름하고 있다.

- 우리는 포괄적인 경제성장에서 가장 도움을 받을 현재의 우리와 가난한 사람들에 관심을 둔다. 그러나 또한 환경을 파괴하는 성장으로 인해 복지에 위협을 당하게 될 우리와 가난한 이들의 아이들과 손주들에게도 관심을 둔다.
- 우리는 기준, 규칙, 규제를 통해 억압받는 사람과 동물들을 보호하고 배려한다. 그러나 또한 소비자와 사업가들이 이익을 위해 자유롭게 선택할 수 있길 원한다.
- 소비를 줄이고 사회적, 환경적 피해를 완화하는 제품, 서비스, 투자를 선택하고 싶다. 하지만 이 사회의 모든 사람이 기대하듯 우리도 좋은 성능, 안락함, 속도, 힘을 원한다.
- 우리는 긍정적인 미래를 창조할 인간의 독창성과 선함의 잠재력에 대해 낙관적인 태도를 유지하고 싶다. 그러나 불평등이 심화되고 환경이 파괴되는 오늘날의 사회상을 들여다보면 미래에 대해 환멸이 느껴진다.

단체, 사회운동, 집단적 대화에 몰두하고 있는 사람들과 대화하면서 우리는 서로가 지닌 갈등에 대해 들었다. 의료 개혁과 관련해 사려 깊은 의사들이 그들 앞에 있는 환자에게 최고의 의료 서비스를 제공하고 싶다고 말하는 걸 우리는 들었다. 하지만 동시에 그들은 사회 구성원들의 전체적인 의료 서비스가 향상 되도록 시간, 돈 및 기타 자원을 형평성에 맞춰 소비하기를 원한다. 그 방안이 개별적인 환자를 제쳐두는 것을 의미하더라도 말이다. 이런 갈등은 조직과 단체 전반에 걸쳐 형성되어 있으며, 최전선의 리더와 재무 관리자 간의 마찰과 투쟁 등으로 이어지곤 한다.

사회정의 운동에서 옹호자들은 **대표성**을 갖기 위해 노력한다. 형사사법 개혁을 추구하는 조직은 수감된 경험이 있는 개인 혹은 유색 인종을 지도자로 끌어들여 그들이 목소리를 내고 그들이 자신의 권한에 직접 기여하도록 해야 한다. 하지만 동시에 직접적으로 영향을 받은 사람들이 효과적인 변화 전략을 수립할 것이라는 보장도 없다. 게다가 백인 아이비리그 변호사와 컨설턴트들은 돈을 모으고 다른 엘리트들과 협력관계를 구축하기 위한 편안한 시간을 보낸다. 결과적으로 대표성을 극대화하는 조직은 체계적 변화를 위한 능력이 없는 것으로 인식될 수 있다. 다른 방향으로 생각해 **효율성**을 극대화하는 조직은 **대표성**을 포기하고 특권층의 사람들을 고용해야 한다고 생각할 수도 있다. 그러나 그렇게 할 경우에는 '그들은 우리를 대변하지 않는다'라는, 풀뿌리 정신으로부터의 심각한 비판에 직면할 것이다.

갈등은 보완적이거나 공통적인 목표를 가진 사람들 사이에서 발생하며 모든 사람의 에너지와 협력적 영향을 감소시킬 수 있다. 그 중심에는 대표성과 효율성, 개인의 건강과 전체의 건강, 또는 비전과 현실 사이의 갈등이 있다. 그러나 우리는 변화를 만드는 데 있어서 대표적이면서 동시에 효과적인 조직과 연대를 구축해야 한다. 우리는 소외 계층과 특권층만의 특별한 능력에서 비전을 이끌어내는 전략이 필요하다. 개인을 돌봄으로써 전체의 건강에 기여하는 것이다. 그리고 우리는 현실에 기반을 둔 비전이 필요하다.

이런 문제들이 사회운동의 중심에 있는 핵심 갈등이다. 건강한 방식으로 표현될 때, 이러한 갈등은 우리의 학습과 혁신을 촉진한다. 우리의 비전에 의미와 목적을 부여하며, 참여와 앞으로 나아가는 길에 영감을 불어넣는다. 대신 우리는 너무 자주 이러한 갈등이 우리 내부, 조직 간, 그리고 더 넓은 정치 무대에서 양극화로 변하도록 내버려 둔다. 그 갈등은 체념과 냉소주의, 좌절과 피로감의 원천이 된다. 그들은 집단 안팎에서 내분과 분열을 일으킨다. 그리고 함정의 근원이 된다.

현실주의자-공상가 사이의 필연적인 갈등

먼저 마주친 모든 사회운동에서 본 현실주의자와 공상가 관점 사이의 갈등을 상세히 알아볼 것이다. STEP7에서 이차원 대화를 만들었던 실전연습24를 잠시 생각해보자. 일차원 대화에서 볼 때 당신은 현실주의자이거나 공상가 중 한 명이다. 현실주의자의 관점에서 보면 우리에게 필요한 것은 점진적인 변화다. 현실주의자는 사람들이 비전에 대해 이야기하는 것을 듣지만, 돌아보면 모든 변화는 점진적이다. 공상가의 관점에서 볼 때, 우리에게 필요한 것은 혁신적인 변화다. 점진적인 변화는 당면한 문제에는 적합하지 않으며, 혁신적인 변화를 상상하지 않고는 우리가 가고자 하는 곳에 도달할 수 없다. 현실주의자는 공상을 망상으로 보고, 공상가는 현실주의자에게 환멸을 느낀다. 공상과 환멸은 현실적이면서도 환상적이기도 한 메시지에서 느껴지는 갈등에서 나오는 두 가지 함정이라고 말할 수 있다.

실제로 현실주의자가 공상가의 말을 들으면, '현실의 목소리'를 대변하기 위해 개입하고 싶은 유혹을 받는다. 공상가가 현실주의자의 대화를 들으면 '거시적인 관점'이 필요하다고 생각한다. 그 후 일어나는 일은 일차원적인 논쟁이나 싸움이며, 두 사람은 자신의 관점이 훨씬 더 적합하다는 것을 상대방의 모습에서 재확인한다. 양극화는 그렇게 심화된다.

진실은 우리는 모두 공상가이면서 현실주의자라는 것이다. 여러분은 한 집단에서 표현되지 않은 어떤 관점을 논하고, 다른 집단에서는 또 다른 관점을 주장하는 자신의 모습을 보게 될 것이다. 한 집단에서는 현실주의자, 다른 집단에서는 공상가로 알려져 있으면서도, 어느 쪽 대화에서도 여러분이 원하는 영향력을 발휘하지 못할 수도 있다.

우리가 일차원적인 현실주의자 대 공상가의 공간에서 이차원적 대화로 접어들 때 새로운 길이 나타난다. 두 가지 관점이 모두 존재할 때 우리는 건강한 **창조적 갈등**을 만들 수 있다.[2] 우리는 현재의 현실에 기반을 둔 채 비전의 힘에 접근할 수 있는 가능성 있는 공간을 만들 힘이 있다.

한 예로 오언 슈로이어와 존스의 관계를 변화시킨 STEP7에서 살펴봤던 밴 존스의 인포워스 인터뷰의 다른 부분에서 발췌한 내용을 살펴보자.

만약 우리가 하나의 나라가 된다면… 우리는 선택의 여지가 없어요, 모든 인종, 범주, 성별, 성 정체성, 신앙 등 지금까지 지구상에 태어난 모든 유형의 인간이 미국에서 살고 있으니까요. 우리는 인류 역사의 기적이에요. 우리가 여기서 매일 겪는 일들을 모두 시도해본 나라는 한 곳도 없어요. 두 종류의 민족으로 이루어져 있으면서 서로 잘 지내지 못하는 나라들도 있잖아요….

하지만 이제는 솔직해져야 해요. 미국은 언제나 하나가 아닌 둘이었어요. 우리는 건국의 아버지들조차 실망했던 위대한 건국 현실에서 시작됐어요. 제퍼슨 기념관Jefferson memorial에 가면 대리석과 돌로 된 토머스 제퍼슨(Thomas Jefferson, 미국 제3대 대통령)이 "신이 공정하다는 것을 생각하면 나라 걱정에 두려움으로 몸이 떨린다"라고 말하고 있죠… 노예 제도에 관해 이야기하는 거예요… 그게 건국 현실입니다… 다행인 것은 건국의 꿈도 존재한다는 것이죠, 토머스 제퍼슨도 같은 말을 했어요. "우리는 이 진리를 자명한 것으로 받든다. 모든 것은 평등하게 창조되었다."

이게 미국입니다. 추악한 건국 현실… 그리고 아름다운 꿈이 공존해요. 건국 현실과 건국의 꿈 사이의 격차를 좁히기 위한 토론과 수정의 과정이야말로 우리를 '미국인'으로 만드는 것들입니다. 따라서 여러분이 건국의 꿈을 부정하는 실수를 저지르며 건국 현실의 추악한 모습만 본다면, 그건 잘못된 거예요. 우리는 건국의 현실 그 이상의 존재입니다. 하지만 만약 여러분이 그 건국 현실을 보지 못하고, 그 건국 현실에서 직계가족이 고통을 겪었던 사람들의 아픔을 보지 않으려 한다면, 그리고 우리에게 틀렸다고 말하거나, 농담도 이해 못 한다고 말한다면, 여러분은 미국을 이해하지 못하는 거예요.

지금까지 책을 잘 따라왔다면, 여러분은 이미 현실주의자-공상가 사이의 갈등을 가지고 있을 것이다. STEP6에서 소개했던 편지 쓰기는 현실과 비전을 전보다 더 강력하게 전달함으로써 당신을 인도하는 대인관계 훈련이다. 지금의 현실은 여러분과 미끼의 관계(STEP4)이며, 여러분이 진정으로 원하는 비전(STEP5)과 관련 있다. 그 둘 중 어느 하나만을 혼자 공유하는 것은, 건전한 창조적 갈등의 공간으로 대화를 유도하는 데 부족하다.

STEP8에서는 여러분이 위에서 언급한 훈련을 바탕으로 여러분의 사회운동을 위한 **다차원적인 창조적 갈등**을 만드는 법을 알려줄 것이다. 첫 번째 단계는 사회운동의 핵심 갈등 파악하기다.

> **실전연습 26**
>
> ## 사회운동의 핵심적 갈등 찾기
>
> 여러분의 조직이나 사회운동에 속한 사람들로 작은 그룹을 만들고 다음 질문들을 생각해보자. 여러분과 파트너 둘 뿐이어도 된다.
> '여러분이 관심 있는 사회운동에서 핵심적인 갈등은 무엇인가? 자주 보게 되는 갈등이나 모순된 욕망은 무엇인가?'
> '관심있는 사회운동 내부와 외부의 사람들을 구분짓는 갈등이나 가치는 무엇인가?'
> 여러분이 정의한 갈등을 각각 적고, 사람들이 무엇을 지지하는지(무엇을 반대하는지가 아니라) 각각의 가치를 긍정적인 용어로 표현하자.
> 여러분의 사회운동 밖의 사람들이 무엇을 지지하는지 분명히 밝히는

데 시간이 걸릴 수 있다. 그들이 무엇을 지지하는지 이해하기보다는 '그들은 우리가 원하는 것을 반대한다'라는 생각으로 끝내는 것이 일 반적이다. 만약 막히게 된다면, 여러분과 의견이 다른 사람에게서 대 답을 구하라.

만약 당신이 지속 가능성 사회운동에 참여하고 있다면, 우리의 성찰 을 고려해보라. 무엇을 더할 수 있겠는가? 우리의 말들을 나의 경험에 맞게 고쳐보자.

사회운동의 집단적 미끼와 함정

어떻게 미끼를 내려놓고 사회운동 차원에서 갈등을 수용할 수 있을까? SETP3에서 STEP7까지는 개인으로서 꽉 막힌 갈등 상황 을 대화로 풀어내는 법을 찾아봤었다. 여러분은 개인적으로 자신 의 대화를 반성하고 용기 있게 다시 시작할 힘을 가지고 있다. 집 단적 함정에서 벗어나는 것은 정확히 그 일을 다시 수행하는 과정 이기도 하지만, 일련의 개별적인 대화를 바꾸는 일이기도 하다. 그러나 집단적인 대화와 담론도 전체적으로 볼 수 있다. 집단 미 끼를 내려놓고 집단적 함정에서 벗어나는 과정에서 사람들이 사 용하는 '지속 가능성, 사회정의, 공공 보건' 같은 단어를 면밀히 살펴보는 것이 도움이 된다. 우리는 미끼와 함정의 구성 요소들이 바로 이러한 생각, 그리고 '더 나은 세상'에 대한 더 넓은 개념 속 에 존재한다는 것을 말하고 싶다.

'더 나은 세상'을 위한 어떤 비전이나 움직임도 한 가지가 아니 라고 생각해보자. 우리가 다루는 것은 전체 시스템에 대한 비전이다. 시스템은 팀 및 조직, 사람과 인프라의 공동체, 가치 사슬, 국가, 생태 시스템, 지구 전체를 아우르는 요소들의 결합으로 구성되어 있다. 그런 요소의 조합은 복잡하며, 많은 수의 요소가 다양한 방식으로 상호 작용한다. '지속 가능성'은 전체 시스템이 어떻게 작동하는지를 설명한다. 시스템 일부의 행동이나 활력만 보고 시스템의 지속 가능성을 이해할 수는 없다. 마찬가지로 '사회정의'와 '공중 보건'도 전체 시스템에 관한 비전이다.

만약 내가 시스템의 미래에 관해 관심이 있다면, 그것은 대개 내가 그 시스템의 일부이거나 내가 아끼는 사람들이 그 시스템에 속해 있기 때문이다. 기후변화의 맥락에서, 제이슨과 가브리엘은 모두 해안 도시에 산다. 우리 가족들은 플로리다 해안과 방글라데시 근방과 같은 불안정한 곳에 살고 있다. 여러분에게는 캘리포니아의 센트럴 밸리에서 농사를 지으며 가뭄을 걱정하는 삼촌이나 석탄 산업에 종사하며 기후 규제에 대해 걱정하는 친구가 있을 수도 있다. 우리가 전체 시스템 안에 있을 때, 우리는 모두 전체 중 일부로서 행동하고 있다.

이제 우리가 STEP4에서 확인한 일반적인 형태의 미끼인 옳고, 정의롭고, 확실하고, 안전한 미끼를 이 맥락에서 고려해보자.

'옳음' 내려놓기

내가 전체 시스템의 일부일 때, 나는 시스템의 얼마나 많은 부분을 볼 수 있을까? 누군가가 약물에 중독되어 정맥 주사를 놓으면서 바늘을 재사용하면 질병 확산의 위험에 놓이지 않을까 걱정한다면, 나는 그의 마음에서 일어나는 생각을 얼마나 잘 이해할 수 있을까? 자신을 두려워하는 도시에서 살아남으려는 흑인 청년의 경험과 매일 무사히 귀가하기를 바라는 경찰관 배우자의 경험을 나는 얼마나 잘 이해할 수 있을까? 플로리다의 주택 소유자들이 점점 더 위험한 해안선에 집을 짓거나 사고, 보험을 드는 이유를 내가 정말로 알고 있을까? 시스템의 일부로서, 개인은 전체를 제한적인 관점으로 볼 수밖에 없다.

상황에 대한 내 견해가 다른 사람들의 견해와 일치할 때도 있고, 때로는 일치하지 않을 때도 있다. 내가 **옳아야만 한다**는 생각을 고수한다면, 그 상황이 얼마나 복잡한지 이해할 수 없으므로 나는 반드시 틀릴 수밖에 없다. 그리고 내가 옳다고 확신하기 때문에, 내 관점이 확장되거나 나의 관점을 발전시킬 수 있는 다른 사람들과는 소통하지 않을 것이다.

만약 우리가 옳음을 포기한다면 어떨까? 우리는 '옳은' 행동을 하고 있는지를 알지 못한 채 우리의 가치에 따라서만 행동해야 한다. 우리는 '옳은' 단어인지 알 수 없는 단어들로 자신을 표현해야 한다. 우리는 어떻게 행동하고 뭐라고 말해야 할까? 행동을 할 수는 있을 것인가? 이런 불확실성은 불편하게 느껴질 수 있지만, 그것을 허용하는 것이 이 과정의 핵심이다. 그것은 우리를 옹호에서 질문, 경청의 단계로, 그리고 새로운 관점을 받아들이도록 이끌어준다.

하지만 대부분의 경우, 우리는 마치 옳은 것처럼 행동하고, 세상은 계속 돌아간다. 더 나은 세상을 만들기 위해 노력할 때, 옳고 그름을 규정하는 것이 성가신 미끼다.

'정의로움' 내려놓기

앞선 이야기들을 통해, 우리는 시스템과 특별한 관계를 가진다는 걸 알게 됐다. 나는 어류 자원의 보존에 관심이 있고, 여러분은 캘리포니아에 있는 삼촌을 염려하며, 우리는 손주들이 편안한 삶을 즐길 수 있을지의 여부에 관심이 있다. 시스템에 속한 구성원으로서, 우리는 전체뿐만 아니라 부분에도 관심을 가질 수밖에 없다.

때로는 나의 이기심(특히 장기적 관심사)이 전체 시스템의 번영과 일치해 '더 나은 세상'이 되기도 한다. 만약 어장이 지속 가능하다면 내 아이들도 생선을 먹을 수 있을 것이다. 하지만 때때로 우리의 개인적 이익과 타인의 이익, 또는 집단적 이익은 충돌한다. 지금 생선을 먹거나, 오랫동안 뜨거운 물로 샤워를 하거나, 혹은 어떤 떳떳하지 못한 일이든, 특히 우리가 모두 같은 행동을 한다면 그것이 전체 시스템을 손상시킬 수 있다는 것을 알면서도 우리는 즐거움을 느끼고 싶어한다. 내적 양면성과 갈등, 대인 갈등이라는 이런 상황에서 우리는 어떻게 대처해야 할까? 우리가 정의롭다고 느낄수록, 우리는 다수의 행동을 반성할 필요도, 우리 목표를 추구하는 일이 다른 이들의 목표 추구에 부담을 줄 수도 있는지도 생각할 필요가 없다.

여러분의 집단이나 사회운동이 정의로움을 포기한다면 어떤 모습일까? 어떻게 하면 다른 이들에게 동기부여를 할 수 있을까? 다시 한 번, 우리는 여러분이 불확실성과 질문의 공간에 앉기를 권한다. '상대편'에서는 어떤 긍정적인 가치들이 사람들에게 동기를 부여하는지 이해하도록 노력해보자.

'확신' 내려놓기

복잡한 시스템과 사회를 변화시키기 위해 내부의 특정 움직임을 파악하려는 우리의 여정을 생각해보라. 전체 시스템은 복잡하기 때문에 미래는 본질적으로 불확실하다. 우리의 예측이 얼마나 자주 빗나갔는가? 우리는 몇 번이나 환경 재앙을 모면했는가? 아니면 그냥 당장의 위기를 모면했을 뿐 문제는 더 커지는 것일까? 현재에 대한 정보가 제한되어 있고 작은 변화가 큰 파급 효과를 가져올 수 있는 복잡한 시스템에서는 미래가 더욱 불확실하다.

우리는 대중을 위해 연어를 양식할 수 있는 새로운 방법을 고안하고 있는가, 아니면 전체 어장을 파괴할 수 있는 '트로이 목마' 같은 어종을 만들고 있는가? 우리의 생활양식이나 회사의 제품이 '지속 가능하다'라는 확신을 갖고 말한다면, 그것이 전체의 지속 가능성과 일치한다는 것을 의미하며, 미래를 안다고 가정하는 것이다.

그럼에도 불구하고 우리는 다양한 사람들이 전체 시스템의 과정을 바꾸기 위해 다양한 해결책을 채택하기를 원한다. 이는 우리가 제시한 해결책의 문제점과 이점에 대해 확신하게 만든다. 어떤 경우에는 이 접근법은 성공적이다. 사람들이 미래에 대해 두려워하고 불확실해 할 때 활동가들은 확실한 위안을 제공하고 싶어한다. 불확실성을 인정하는 것은 어떤 느낌일까? 우리는 어디서 새로운 정보의 출처를 찾을 수 있을까?

'안전함' 내려놓기

시스템의 미래에 대한 불확실한 시나리오들 속에서 우리가 떠올릴 수 있는 많은 미래의 모습들은 상상만으로도 상당히 불쾌하다. 우리는 소수 민족의 억압, 사회 불안정, 정부의 파산, 천연자원의 고갈, 기후변화 등을 막기 위해 노력한다.

하지만 미래를 바꾸기 위해 행동을 취하는 것은 또한 믿을 수 없을 정도로 위험하다. 멀리 봤을 때 우리의 해결책은 우리가 예측하지 못했으며 의도하지 않았던 결과를 가져올 수도 있다. 예를 들어 한때 에너지 안보 문제에 대한 해결책으로 극찬을 받았던 옥수수 에탄올은 2000년대 중동 지역의 불안을 초래한 식품 가격 상승을 가져와 안보를 훼손했다. 전체 시스템은 복잡하기 때문에, 모든 행동에는 나비 효과와 같은 위험이 따른다.

안전하다는 느낌은 대부분 착각이다. 개인적 차원에서도 행동의 위험성은 심각하다. 거부당했다는 사실을 알게 될 수도 있다. 개별적인 '변화의 촉매' 역시 위험을 안고 있으며, 이것은 부분의 복지와 전체의 복지 간의 갈등을 보여주는 또 하나의 예다. 마틴 루서 킹 주니어Martin Luther King Jr.의 암살은 극적인 위험의 예지만, 상대적으로 공공장소에 더 자주 나서게 되는 사회운동가들은 더욱 위험에 직면해 있다. 그리고 만약 조치를 취하지 않는다면, 우리는 나중에 후회하게 될 개인적인 위험을 감수하게 될 것이다.

안전하다는 느낌을 주는 미끼를 놓으면 어떨까? 어떤 새로운 위험을 감수하게 될까?

집단 미끼 찾아내기

실전연습26에서 살펴봤던 사회운동의 핵심 갈등을 다시 한 번 떠올려 보자. '정의', '자유', '지속 가능성' 같은 신성한 용어는 무엇인가? 이 것은 여러분이 **옳고 정의로운 것을 확실하게 지지하는 단어들**이다. 누 군가 그 아이디어의 의미와 가치에 대해 동의하는 한, 여러분은 그 사 람과 함께 있을 때 안전하다고 느낀다.

이제 이 아이디어와 공동체의 한계를 신중하게 고려해보자. 개인으로 서 그리고 당신의 사회운동 안에서 다른 사람들과 협력해보자.

- **'옳음' 다시 생각해보기:** 여러분이 변화시키고 싶은 복잡한 시스템 에 대한 당신의 개인적인 관점은 무엇을 드러내며, 그것들이 숨기 는 것은 무엇인가? 듣거나 보기를 피해왔던 다른 어떤 관점들이 다른 사람의 입장에서 봤을 때 잠재적으로 옳았는가?

- **'정의로움' 다시 생각해보기:** 만약 여러분의 사회운동이 성공한다 면 어떤 개인적, 집단적 이익이 돌아올까? 누가 권력, 영향력, 자 원을 거절하거나 잃게 될까? 여러분의 접근법은 예측 가능한 부정 적인 부작용이나 결과를 가지고 있는가? 그런 일들이 어떻게 여러 분의 정당성에 관한 주장을 훼손할 수 있을까?

- **'확신' 다시 생각해보기:** 바꾸고자 하는 시스템의 인과관계에 대한 여러분의 데이터와 분석은 얼마나 믿을만 한가? 여러분의 주장 중 어느 것이 증거에 근거하고 있으며, 어떤 것이 추측인가? 여러분 의 해결책을 몇 번이나 실험해보았으며, 전략과 활동이 미래에 미

치는 영향을 정확히 시험해본 적이 있는가? 과거에는 결과의 시험과 예측이 얼마나 효과적이었는가? 이런 질문들을 마주하는 것이 여러분의 확신에 어떤 영향을 미칠까?

- **'안전함' 다시 생각해보기**: 만약 여러분이 속한 집단이 협력자들과만 관계를 맺음으로써 심리적으로나 사회적으로 안전했다는 사실을 알게 된다면, 여러분은 이 효율성을 스스로 포기하겠는가? 그렇다면 여러분은 어떤 위험을 계속 허용하고 있는가? 행동뿐만 아니라 행동하지 않음으로써 감수하는 위험이 있는가? 만약 여러분이 위험을 마주한다면, 여러분에게 안전이 무엇을 의미하는지에 대한 생각은 어떻게 바뀌게 될까?

사회운동의 핵심에서 가능성 찾기

우리가 공동체로서 미끼를 내려놓는다면 어떻게 될까? 옳고, 정의롭고, 확실하고, 안전한 행동에서 모순과 거짓을 보고 한 발짝 물러선다면 어떨까?

사실 우리는 어떤 전진이 무엇을 의미하는지 모른다. 우리는 그것이 어떤 모습인지도 모르며, 그곳에 어떻게 가야 하는지도 모른다. 함께 하는 미래를 위한 명확한 비전을 가지고 있지도 않으며, 어쩌면 절대 그런 명확성을 보지 못할 수도 있다. 우리가 원하는 미래를 담고 있는 그릇으로서의 전진은 모든 사람에게 각각 다른 의미인 동시에 누구에게도 의미가 없다.

우리가 '지속 가능성', '사회정의', '공중 보건'을 빈 그릇으로 이해한다면 어떨까?

우리가 이 불편한 상황에 서 있을 때 할 수 있는 한 가지 선택은 우리가 지지하는 가치를 더 명확하게 정의하기 위해 사회운동의 유형을 다시 분류해보는 것이다. 예를 들어 우리는 지속 가능성을 재생 시스템, 복원, 번영을 위한 것으로 다시 분류할 수 있다. 아니면 형사사법 개혁을 공공의 안전과 강력한 공동체로 유형을 바꿀 수도 있다. 혹은 이 모든 사회운동을 하나로 합쳐 건강이나 안전으로 지칭할 수도 있을 것이다. 사실 이러한 사회운동 각각에 대해 명확하며 잘 논의된 선언문이 있다.**3**

그러나 이러한 새로운 용어들은 어느 것이든 곧 자신의 의미, 집단적 문제, 부작용 들로 채워질 그릇들이다. 재생, 복원력, 번성, 온전함이 모두 복잡한 시스템의 새로운 특성이어서 우리는 여전히 전체 시스템의 일부로서만 행동하게 되기 때문이다. 더 나은 세상을 위한 아이디어의 뒤에는 여전히 옳고, 정의롭고, 확실하고, 안전한 미끼가 숨어있다.

이제 잠깐 빈 그릇을 붙잡을 수 있는 선택지를 찾아보자.

우리가 그 공허함을 다른 방식으로 본다면 어떨까? 만약 '가능성'으로 존재하는 사회운동과 관련짓는다면 어떨까? 사회정의, 공중 보건, 지속 가능성, 즉 여러분의 사회운동을 가능성으로 간주하자는 것이다.

가능성은 현재와 미래에 동시에 존재한다. 영원히 우리의 능력 밖이지만, 미래를 현재의 한 순간으로 가지고 올 때 창조하고 재창조하게 된다. 가능성에 대해 옳고, 정의롭고, 확실하거나, 안전하다고 판단하기란 훨씬 더 난감하다. 여러분의 사회운동은 가능성으로서 하나의 탐구 과제다. 그것은 답이 아니라 일련의 질문이며, 다른 사람들을 참여시킬 수 있는 대화다.

우리의 사회운동을 다른 사람들이 이해해야 할 고정된 것으로 보는 대신 **가능성**으로 생각할 때, 우리는 수많은 대화에 다른 사람들을 동참시킬 수 있다. 정해진 비전을 공유하는 대신, 다른 사람들을 자유롭게 대화에 초대하여 함께 상상할 수 있다. 미끼를 쫓는다는 사실에 부끄러워하기보다, 함께 인간성을 탐험할 기회를 가질 수 있다.

실전연습 28

함께 미래 구상하기

더 나은 세상을 상상하는 대화에 중요한 사람을 초대해서 가능성에 관한 대화를 나누는 연습을 해보자. 기존에 알고는 있었지만 서로 마주 보고 대화를 나눈 적 없던 사람을 선택하라. 구내식당에서의 식사나 사무실에서의 회의도 좋다.

상대방은 우리가 극복해야 할 과제가 무엇이라고 생각하는가?

우리가 이런 문제를 극복한다면, 다음 세대에 기쁘게 물려줄 수 있을 세상은 어떤 모습일까?

상대방이 이러한 질문을 한다면, 당신이 영감을 받아 상상하게 된 미래의 모습을 공유하라.

여러분이 창조적인 갈등을 만들고 있다는 사실을 기억하라. 사람들은 다양한 반응을 보일 수 있다. 그들은 장난스럽게 망상을 펼쳐놓을 수도, 현실적인 입장에서 환멸을 표할 수도 있다. 상대의 반응 중 고쳐야 하는 경향이 있는지 주목하되, 아무것도 하지 말고 놔두자.

상대가 원하는 미래와 극복해야 할 과제를 모두 표현하고 반영함으로써 건강한 창조적 갈등을 향해 대화를 이끌어가는 연습을 해보자. "당신의 꿈은…" "가장 극복하기 어려워 두려워하는 과제는…."

여러분이 원하는 미래를 공유했다면, '양쪽 모두'와 가능성의 공간을 탐색하는 연습을 해보라. 상대방의 비전이 여러분의 비전을 어떻게 보완할까? 여러분이 원하는 미래에는 그 사람의 목표가 어떤 역할을 할까? 이 목표들은 때때로 어떻게 충돌할까?

이 대화를 나누는 여러분의 존재 방식에 주목하라.

STEP5에서 우리는 유도 명상과 워크숍을 통해 얻은 결과를 공유했다. 사람들은 명상을 통해 자신이 만들고자 하는 미래에 있는 자신의 존재 방식을 공유했다. 그 결과를 아래 워드 클라우드4에서 다시 살펴보자.

긍정적인 미래 속의 존재 방식

이 워드 클라우드를 다시 보자. 미끼를 내려놓고 이 공간에 머물기 위한 과감한 발걸음을 내디디면 어떻게 될까? 우리는 13세기 루미(13세기 페르시아의 철학자이자 시인)의 시를 떠올렸다.

그른 일과 옳은 일의 생각 저편에는
들판이 있으니 거기서 만나자.

영혼이 풀밭에 누우면
세상은 빈 곳 없이 가득 차 이야기조차 할 수 없다.
생각, 언어, 그리고 '서로'라는 단어까지
어떤 것도 이해할 수 없다.5

131쪽에 적힌 존재 방식을 지니고 있는 여러분은 사회운동의 핵심 가능성을 어떤 식으로 표현하겠는가?

존 에렌펠드 John Ehrenfeld 는 이와 같은 탐구의 순간에 그의 글의 기초가 되었고 우리 책에도 영감을 준 성명을 발표했다. "지속 가능성은 지구상에서 인간과 다른 생명체가 영원히 번영할 **가능성**이다." '번영'이 다른 사람들과 함께 '지속 가능하지 않음'에 대해 다루듯, 모든 것이 잘 되면 세상이 어떻게 바뀔 지에 대해서도 유용한 묘사다. 에렌펠드는 그간의 지속 가능성 사회운동이 번영하는 미래를 창조하는 데 있어 진정성이 없다는 것을 분명히 말해왔다.6 그리고 우리가 세상에서 되고 싶은 존재와 우리가 지금 누구인지 사이의 갈등은 사회운동 밖에 있는 사람들과의 대화의 출발점을 제공해준다. 또한 우리가 고고한 척하는 바보들이라고 생각해왔던 많은 사람과도 공감할 수 있게 된다. 그리고 우리는 가장 중요한 문제를 그들과 효과적으로 공유할 수 있다.

잠시 시간을 내서 여러분의 비전이나 사회운동의 가능성을 분명히 하라. 어떤 함정이 나타났는지와 그 가능성을 추구하면서 여러분이 진정성을 발휘하지 못한 지점을 주목하라. 사람들은 여러분을 어떻게 생각하는가? 여러분이 원하는 미래와 일치하는가? 과거의 패턴에서 어떤 미끼가 여러분을 붙잡고 있는가? 대화에서 질 때 얻는 미끼는 무엇인가? 여러분이 창조하고자 하는 미래와 어떤 방식으로 일치하는가? 여러분이 진정으로 원하는 것은 무엇인가? 누구와 함께 그것을 공유하고 싶은가?

사회운동 내에서 여러분이 만들고자 하는 변화를 고무할 수 있는 편지를 작성하라. 공개하지는 않아도 좋다. 이 책에서 소개한 몇 가지 연습을 여러분과 같은 조직이나 사회운동에 속해 있는 다른 사람들과 함께해야 할 수도 있다.

사회운동의 중심이 되는 대화 변화시키기

여러분의 그룹, 조직, 사회운동에 속한 다른 사람들과 함께 다음의 빈칸을 채워보자.

- 참여와 행동주의에 대한 맥락에 대한 대화에 참여하면서, 우리의

존재 방식에 오래된 존재 방식이 포함되어 있었음을 인정하게 되었다.

- 우리는 더 나은 미래를 위한 목표를 원한다고 말했지만, 실제로는 미끼를 향해 가고 있었다.

- 우리는 이 접근법의 일부 불행한 결과를 안다. 여기에는 굳어진 결과가 포함된다.

- 이런 접근법을 선택한 데 대해 사과하고 싶으며, 새로운 방식으로 참여하고 싶다.

- 이 대화와 관계를 통해 앞으로 나아가면, 당신은 내가 진정으로 원하는 미래인 사회운동의 가능성과 일치하는 새로운 존재 방식이 될 거라고 믿어도 된다. 그리고 만약 내가 예전 모습으로 돌아가는 걸 보면 내게 알려주었으면 좋겠다.

사회정의 운동에서, 이런 순간을 보여주는 이야기가 있다.

1988년, 몰리 볼드윈은 메사추세츠주에서 가장 위험한 젊은이들을 위해 헌신하는 단체인 로카Roca를 시작했다. 다수는 감옥을 드나들었던 사람들이었다. 처음에 그녀는 경찰관들을 아이들과 그녀의 일에 있어서 적으로 보았다. 젊은이들을 위한 입장을 취하는 것은 그들을 억압하는 체제에 대항하는 입장을 취한다는 걸 의미했다. 하지만 곧 그녀는 자신의 접근 방식이 한계가 있음을 알게 됐다. 젊은이들은 그녀의 프로그램에서 시간을 보냈지만 계속해서 말썽을 피웠다. 경찰은 그녀가 초기에 운영한 주민센터와 방과 후 프로그램을 폭력배들의 안식처로 보고 그녀의 노력을 믿지 않았다.

몰리는 안전한 공간에서 희망과 두려움을 공유하기 위해 청소년과 경찰을 모으는 평화 유지 모임을 유지하려고 노력했다. 처음에는 안전한 것이 없었다. "젊은 사람들, 경찰, 보호관찰관, 지역사회 주민들, 친구들 등 40명이 왔어요. 개원식이 반쯤 지났을까, 모든 게 엉망이 되기 시작했어요. 사람들은 비명을 지르고, 아이들은 욕을 하고 있었죠. 모두 '봐! 절대 효과 없을 거야!'라고 말했어요. 행사가 중단되는 것을 지켜보는 건 정말 힘들었지만, 결국 저는 제가 평화를 만드는 사람이 되기에 얼마나 부족한지 알게 되었고, 화합이 아니라 분열에 헌신해왔음을 이해하게 되었어요. 저는 본능적으로 '우리 대 그들' 사고의 문제점, 제가 개인적으로나 조직을 위해 어떻게 그것을 지속시켜왔는지 깨달았어요. '내가 옳아, 네가 틀렸어! 문제는 우리가 아니라 당신이야. 우리는 도덕적으로 높은 지위를 차지하고 있으므로 문제는 당신이야!'는 사람과 상황을 진정으로 도울 수 있는 우리의 능력을 제한하고 있는 것의 큰 원인이었죠."[7]

몰리와 그녀의 팀은 경찰서장에게 찾아갔고, 갈등을 일으켰던 역할을 인정하면서 이러한 반성을 나누었다. 그 순간부터 관계의 중심이 옮겨갔다. 이후 평화유지 모임은 점차 진정한 대화를 나눌 수 있게 되었다. "우리가 봉사할 수 있는 모든 도시에서 경찰과 함께 일한다는 측면에서 우리는 먼 길을 걸어왔어요. 모든 경찰과의 진정성 있고 의미 있는 대화는 고위험의 젊은 사람들이 그들의 삶을 바꾸도록 돕는 데 있어 꼭 필요한 부분이었죠. 평탄치 않은 시기를 극복하려면 시간, 정직함, 장기적인 헌신이 필요하지만, 무엇보다도 우리가 하는 일에는 이런 식의 대화가 중요해요."

오늘날 로카는 재범률을 줄이기 위한 혁신의 선두에 서 있으며, 몰리와 팀은 효과적인 협력자로서 갱단, 경찰, 법원, 가석방 위원회, 학교, 그리고 사회봉사 기관들과 함께 일할 수 있게 되었다. 그들은 청소년 정의, 강하고 안전한 사회를 결합하는 일의 본보기가 되어, 사법 제도에서 청소년들을 위한 효과적인 개입을 개발하는 데 있어 더 큰 변화를 일으키는 모범이 되고 있다.

앞으로 나아가는 길

미끼에 대한 우리의 애착에서 해방된 새로운 존재 방식까지 존재하는 이곳에서, 행동의 과정으로 눈에 띄는 것이 무엇인가? 개인으로서, 그리고 여러분의 포부를 성취할 수 있는 집단의 일부로서, 여러분에게는 어떤 길이 존재하는가?

우리는 그 질문들에 대한 답을 알지 못한다. 만약 우리가 일을 잘 해냈다면, 우리는 여러분이 건강한 창조적 갈등으로 가득 찬 대화를 만들어 낼 수 있게 도왔을 것이고, 여러분은 앞으로 어떤 일이 일어날지 알 수 없을 것이다. 우리는 독자들이 길을 만들고, 그들을 따라 걷고, 놀라운 결과를 만들어 우리와 함께 나누었으면 하는 바람으로 이 책을 썼다.

지금까지 우리가 구상하고 관찰한 것은 다음과 같은 대안 경로이다. 이것은 STEP4에서 확인한 특정 함정에 직면했을 때 시도할 수 있는 새로운 접근법이다. 그러나 여러분이 속한 사회운동 안에서 함정을 인식하고 가능한 경로를 발견하는 일은 여러분의 몫이다.

앞으로 나아가는 길

함정	가능한 대안과 방안
누군가가 해야 한다	• 진정성 있는 약속을 하고 끝까지 지켜라
독선적인 태도	• 다른 사람들에게 자신과 손주들에게 어떤 미래를 물려주고 싶은지 표현해 보라고 부탁하고 실제로 귀를 기울여본다. • 진정한 의미에서의 학습, 발전의 과정과 투쟁을 공유한다. • 서로의 가치를 존중하며 공유된 가치와 약속을 확인한다.
나는 발전이 무엇인지 안다	• 사람들의 헌신을 인정하고 그들의 기여를 존중한다. • 상호 존중, 상호 동기부여, 상호 창조로 정의되는 창조적이며 변혁적인 활동을 해본다.
외로운 늑대	• 타인의 헌신을 인정한다. • 개인적인 헌신을 공유한다. • 다른 사람들의 참여를 유도한다. • 타인과의 상호의존성을 인정한다.
마땅히 해야 할 일이다	• 다른 사람들이 무엇을 가치 있게 여기는지 듣고 여러 목표를 달성할 방법을 찾는다. • 비즈니스/자기 이익 사례와 친 사회적 사례를 함께 탐구한다. 사람들은 보통 두 가지를 모두 신경 쓰지만, 분명히 상충하는 것이 있다고 믿는다.
사심 없음 혹은 이기적임	• 소수의 이익과 전체의 이익이 상충되었을 때 이를 인정한다. • 양쪽의 타당성을 존중하고 '선한 일을 함으로써 잘 해나간다'라는 방식을 추구한다. • 개인적, 사회적, 그리고 지구적 번영을 추구한다.
지금 당장!	• 어떤 경우에서든 초, 중, 고 교육과의 시너지를 찾는다. • 사회운동의 일원은 아니지만 가치 있는 관점을 가져올 수 있는 사람들을 참여시키는 데 시간을 투자한다. • 눈앞의 도전만이 아닌, 공통된 미래에 대해 대화할 기회를 만든다.
인간 혹은 자연	• 인간과 다른 종의 번영 사이에 상충이 일어났을 때 인정한다. • 인간과 모든 생명에 대한 사랑을 존중하고 표현한다. • 양쪽 모두에 기여할 수 있는 창의적인 해결책을 생각한다.
문제 지향적	• 정말로 하고 싶은 일이 무엇인지, 비전과 포부를 분명히 한다. • 현재의 현실을 명확하고 풍부한 데이터로 바라보고 문제를 진단하거나 해결책에 뛰어들지 않는 대신 현재의 현실과 비전 사이의 간극을 통해 문제를 다시 바라본다. • 미래 기반의 대화를 조직하고, 우리가 원하는 곳에 대한 비전을 구축하며, 우리가 어떻게 거기에 도달할 수 있을지에 대한 과정을 계획한다.

사회운동을 위한 길 만들기

216쪽 표의 대안들을 살펴보자. 이 방안들 중 어느 것이 여러분과 여러분의 그룹, 조직, 사회운동에 가장 유용할까?

집단적으로 문제 상황에 고착된 경우를 가장 잘 포착하는 함정은 무엇인가? STEP4에서 이 표본 함정의 세부 사항을 검토할 수 있다.

어떤 방안이 여러분을 그 함정에서 구하며 미래에 그것을 피할 수 있도록 도울 것인가?

어떤 방안이 현재 일하는 방식과 가장 모순되는가? 만약 여러분이 갇혀있다면 탐험할 가치가 있을 방안이 바로 그것일 수 있다는 것을 고려하라.

여러분이 속한 사회운동에서 또 어떤 함정을 발견했는가? 함정은 갇힌 경험과 관련이 있는 대화라는 것을 기억하라.

또 어떤 가능한 대안들이 있을까?

목표를 달성하기 위해 가장 관여하고 싶은 특정 개인, 그룹 또는 조직을 생각해보자. 어느 길이 그들과 대화를 바꿀 수 있을까?

여러분의 다음 단계는 무엇인가?

여러분의 가족, 교실, 조직, 그리고 지역사회에서 다른 사람들과 이 탐구에 참여해보자. 다른 사람들과 그들 자신, 손주, 그리고 만난 적 없는 많은 사람을 위해 만들고 싶은 미래에 관해 이야기해보자. 우리가 스스로 집단적 함정을 파놓은 것처럼, 우리는 앞으로 집단적 경로도 만들 수 있다. 여러분은 가능성을 만들 수 있다. 우리는 함께 새로운 가능성을 창조할 수 있다.

이 과정에서 우리는 겸손하고 인내심 있게 행동할 수 있다. 첫 번째 결과는 '단지' 대화이기 때문이다. 그리고 우리는 가장 중요한 대화를 하는 대담함을 보일 수도 있다.

행동으로 옮기기

이 세상에서 다섯 명의 특정한 사람들과 강력한 관계를 맺는 것이 여러분 자신과 세상을 위한 목표의 실현에 엄청난 차이를 만든다고 생각해보라. 이 다섯 명은 어떤 사람들일까?
아직은 그들의 이름을 모를 수도 있다. 그들의 조직과 역할 정도만 알고 있을 것이다. 최선을 다해서 목록을 완성하라.

1. 그 사람들에게 어떻게 접근해야 할지 모를 것이다. 이 경우, 여러분이 최종적으로 관여하고 싶은 사람들에게 접근하는 데 도움이 될 만한 사람들을 목록의 맨 위에 추가하라.
2. 대화를 어떻게 시작해야 할지 전혀 모를 수도 있다. 이 경우, 여러분의 친구나 동료 코치가 될 사람들을 명단의 맨 위에 추가하여 여러분이 앞으로 나아갈 수 있도록 도와라.
3. 집단이나 조직이 함정 때문에 어떤 평판을 가지고 있을 수 있음을 생각하라. 집단으로 나아가기 전에 내부적으로 문제를 해결해야 한다. 이 경우, 여러분이 속한 조직에 참여해야 하는 사람들을 상위 목록에 추가하라.

4. 이 책의 도구를 사용하여 목록에 있는 대화를 위해 필요한 성찰과 계획을 세우자. 만약 부정적 감정을 풀어야 할 필요가 있다면, STEP6의 도구를 사용하여 대화를 되살려라. 앞으로 나갈 준비가 되었지만 갈등이 예상되는 경우에는 STEP7을 사용하여 긴장을 해결하라.
5. 이런 대화의 지형 중에서 여러분이 약속할 수 있는 것을 하나 고르자. 달력이나 일기에 여러분의 행동에 대한 약속과 그것을 할 구체적인 마감일을 적어보자.

우리가 이 일을 해냈다고 생각해보자. 더 나은 세상을 향한 움직임이 대담한 대화와 건강한 가능성의 공간으로 가는 질문을 불러일으킨다고 상상해보라.

경제, 사회, 환경 변화에 대한 대화에서 완전히 새로운 담론이 가능하다. 고착과 양극화의 근원에서 창의성과 혁신의 원동력으로 갈등을 전환할 수 있다. 좌절의 원천이 되기보다는 우리의 움직임이 모든 삶의 번영을 향한 길목에서 변화의 원천이 될 수 있다. 그렇게 되면 우리의 노력은 확장될 것이다. 더 다양한 사람들과 관점을 함께 하게 될 것이다. 모두에게 효과가 있는 세상을 만드는 데 필요한 질과 규모로 성장할 것이다. 그러는 동안, 우리는 우리 삶에서 가장 중요한 사람들과의 관계를 개선할 것이고 우리는 더 완전하고 충실하게 우리 자신을 표현할 수 있게 될 것이다.

인간성에 중대한 도전을 하며 그 안에서 우리의 인간성을 표현할 심오한 기회를 발견하게 되기를 바란다.

이제 시작해보자.

√ 이 책에서 배운 기술을 연습하면 더욱 넓은 무대에서 갈등과 양 극화를 돌파할 수 있는 용기와 능력을 얻을 수 있다. 우리는 우 리의 대화가 어디로 이어질지 결코 알 수 없다.

√ 조직과 사회운동에 대해 공유된 반성을 통해 집단적 효율도 높 일 수 있다. 좌절과 기력 소진의 장소가 아니라, 사회와 환경의 번영을 향해서 관련자들에게 번성하는 원천이 될 수 있다.

√ 사회운동은 목표에 특정한 핵심 갈등뿐만 아니라 현실주의자· 점진주의자와 비전 중심의 접근 사이의 광범위한 갈등을 중심 으로 내부적으로 양극화된다. 핵심 갈등을 파악하는 것은 보다 통일성 있으며 효과적으로 목표를 달성하기 위한 필수 단계다.

√ 사회운동은 개인 차원의 집단적 함정과 유사한 집단적 함정에 빠지기 쉽다. 앞으로 나아가기 위해선 집단적으로 옳고, 정의롭 고, 확실하고, 안전하다는 미끼를 내려놓아야 한다. 그렇게 함 으로써 우리는 세상을 보는 새로운 방법, 새로운 전략을 찾고 우리 일의 더 깊은 비전과 가능성을 탐구할 수 있다.

√ 교착상태와 양극화를 통해 새로운 길을 열어주는 존재 방식을 찾아라. 몇 가지 예를 제시했지만, 독자들이 스스로 과정를 도 표화하는 것을 권한다.

실전연습: 여러분의 조직과 사회운동에 속한 다른 사람들과 함께, 사회운동의 핵심 갈등, 집단적인 함정에 빠진 장소들에 대해 질문하라. 여러분의 비전과 함께 일할 수 있는 더 깊은 가능성을 명확히 하라. 이전에 막혔던 행동을 위한 새로운 경로를 찾아보고 시도해보라. 대담한 대화를 나누며 끝까지 해내겠다고 약속하라.

주석

STEP1

1 우리는 원래 세자르 차베스의 확장팀에 속한 하버드케네디스쿨의 마셜 간츠(Marshall Ganz)로부터 이 이야기를 들었고, 이후 버락 오바마(Barack Obama)의 첫 대통령 선거 운동원들을 훈련할 때 이 교훈을 적용했다. 이 버전의 이야기는 다음 책에서 찾아볼 수 있다. Jeffrey David Stauch, 《*Effective Frontline Fundraising: A Guide for Nonprofits, Political Candidates, and Advocacy Groups*》(Berkeley, CA: Apress, 2011).

2 Paul Hawken. 《*The Ecology of Commerce: A Declaration of Sustainability*》(New York: Harper Business, 1993).

3 레이 앤더슨(Ray Anderson)의 더 많은 책을 읽을 수 있다. 《*Mid-Course Correction: Toward a Sustainable Enterprise: The Interface Model*》(Atlanta: Peregrinzilla Press, 1998); 《*Confessions of a Radical Industrialist: Profits, People, Purpose—Doing Business by Respecting the Earth*》, with Robin White (New York: St. Martin's Press, 2009).

4 검색 엔진과 SNS가 '관련성'을 위해 콘텐츠를 필터링하는 데 사용하는 알고리즘은 우리의 신념을 확인하는 뉴스와 견해만을 보여줌으로써 이러한 현상에 기여할 수 있다. 다음 엘리 패리서(Eli Pariser)의 책을 참고하라. 《*The Filter Bubble: What the Internet Is Hiding from You*》(New York: Penguin Press, 2011).

5 여기서 말한 고전에는 마키아벨리(Machiavelli)의 《*군주론(The Prince)*》과 손무의 《*손자병법*》이 있다. 그러나 많은 저자는 권력과 영향력의 심리에

대한 현대의 연구에 힘입어 현대적 문맥에 그들의 교훈을 적용했다. 다음 책들을 참고하라. Jeffrey Pfeffer,《*Power: Why Some People Have It and Others Don't*》(New York: Collins Business, 2010); Robert B. Cialdini, 《*Influence: The Psychology of Persuasion*》(New York: Collins, 2007).

6 "협상 결렬 시 가지고 있는 차선책(Best Alternative to Negotiated Agreement, BATNA, 바트나)"의 아이디어를 참고하라. Roger Fisher, William Ury, and Bruce Patton, 《*Getting to Yes: Negotiating Agreement without Giving In*》(New York: Penguin Books, 1991).

7 Daniel C. Esty and Andrew S. Winston. 《*Green to Gold: How Smart Companies Use Environmental Strategy to Innovate, Create Value, and Build Competitive Advantage*》(New Haven, CT: Yale University Press, 2006).

8 George Lakoff, 《*The All New Don't Think of an Elephant! Know Your Values and Frame the Debate*》(White River Junction, VT: Chelsea Green Publishing, 2014).

STEP2

1 옥스퍼드 사전(Oxford Dictionaries), s.v. "authentic," 2016년 4월 10일 확인, https://en.oxforddictionaries.com/definition/authentic.

2 우리는 개를 사랑한다. 예일대학교 산업생태학센터(Center for Industrial Ecology)의 학생으로서 가브리엘은 생명주기 분석 소프트웨어 도구인 시마프로(SimaPro)를 이용해 그의 강아지 델프트가 먹는 음식의 대략적인 탄소 발자국을 재미삼아 계산해봤다. 델프트의 개 사료의 환경 비용은 그의 하이브리드 자동차 시빅(Civic)을 허머(Hummer)로 바꾸는 것과 같았다. 몇 년이 지난 지금, 제이슨과 가브리엘은 각각 두 명의 아이를 낳았으며 개들도 키우고 있다. 두 아이와 큰 개 한 마리 덕분에 종종 세단 대신에 SUV나 밴을 몰게 되는데, 이는 우리 개의 탄소 발자국을 배로 증가시킨다. 젊은 환경운동가로서, 우리는 개가 좋고 SUV가 나쁘다고 생각했다. 알고 보니 세상은 그것보다 더 복잡하다!

3 우리의 정적, 역동적 진정성 모델은 실존철학에서 영감을 받았다. 이 아이디어에 대한 실용적인 탐구는 '인간에게서 모든 것을 빼앗을 수는 있지

만 한 가지는 뺏을 수 없다. 바로 주어진 상황에서 자신의 태도와 길을 선택하는 것이다'라고 한 빅토르 프랭클(Viktor Frankl)의 《죽음의 수용소에서》를 참고하라. Victor E. Frankl, 《Man's Search for Meaning》(Boston: Beacon Press, 2006). 진정성과 존재에 관한 실존철학의 요약은 스티븐 크로웰(Steven Crowell), "Existentialism," Stanford University Encyclopedia of Philosophy, August 23, 2004, http://plato.stanford.edu/entries/existentialism/#Aut을 보라.

4 옥스퍼드 사전, s.v. "authentic."

5 Werner H. Ehrhard, Michael C. Jensen, and Kari L. Granger, "Creating Leaders: An Ontological/Phenomenological Model," chap. 16 in 《The Handbook for Teaching Leadership: Knowing, Doing, and Being》, eds. Scott A. Snook, Nitin Nohria, and Rakesh Khurana (Thousand Oaks, CA: SAGE Publications, 2012) 참고. 요약본은 SSRN, https://ssrn.com/abstract=1881682에서 볼 수 있다.

STEP3

1 더 나은 세상을 추구하는 존재나 존재론적 탐구는 새로운 아이디어와는 거리가 멀다. 정신분석가 에리히 프롬(Erich Fromm)은 개인의 번영과 인류의 지속 가능성에 대한 핵심 도전으로 서구의 초점을 확인했다. 학자 존 에렌펠드(John Ehrenfeld)와 이사벨 리마노시(Isabel Rimanoczy)는 최근에 리더들이 더 나은 세상을 창조할 수 있도록 하는 마음가짐의 핵심적인 변화로서 행동하기 전에 존재의 우선순위를 강조했다.

2 로버트 캐건(Robert Kegan)과 리사 레이히(Lisa Lahey)의 연구, 특히 성찰과 개인 발전에 필요한 도구를 제시하는 《mmunity to Change》를 참고하라. Robert Kegan and Lisa Laskow Lahey, "Uncovering the Immunity to Change," chap. 2 in 《Immunity to Change: How to Overcome It and Unlock the Potential in Yourself and Your Organization》(Boston: Harvard Business Press, 2009).

3 워드 클라우드는 워크숍 참가자들의 답변으로 만들었다. 단어의 크기는 참가자 응답의 발생 빈도를 보여준다.

4. Nadia Y. Bashir et al., "The Ironic Impact of Activists: Negative Stereotypes Reduce Social Change Influence," European Journal of Social Psychology 43, no. 7 (2013): 614–626, doi:10.1002/ejsp.1983에서 차용.

STEP4

1 Saul D. Alinsky, 《Rules for Radicals: A Practical Primer for Realistic Radicals》(New York: Vintage Books, 1989).

2 함정의 모델은 사람들이 그들의 미끼, 보상 또는 이차 이익을 식별하는데 도움을 주는 몇몇 자기 성찰적 의사소통 모델에서 영감을 받았다. 첫 번째 는 발달 심리학자 캐건과 레이히의 '보이는 헌신(visible commitments)'과 '상충하는 헌신(competing commitments)'모델이다. 이 모델은 그들의 책《How the Way We Talk Can Change the Way We Work》와《Immunity to Change》에서 찾아볼 수 있다. 두 번째는 사람들이 현상 유지를 하기 위해 물밑 보상을 받는다는 스티브 자프론(Steve Zaffron)과 데이비드 로건(David Logan)의《The Three Laws of Performance: Rewriting the Future of Your Organization and Your Life》(San Francisco: Jossey-Bass, 2009), 58을 참고했다.《Crucial Conversations》에서도 보상을 언급하고 있으며 우리가 추천하는 참고자료다. 우리는 함정의 집단적 측면에 관심을 집중시키기 위해 새로운 용어와 은유를 만들기로 했다. 그들은 더 나은 세상을 옹호하는 사람들 사이에서 흔히 볼 수 있으며, 종종 지역사회 나 사회운동 구성원들이 공유한다. Kerry Patterson et al.,《Crucial Conversations: Tools for Talking When the Stakes Are High》(New York: McGraw-Hill, 2012).

3 Idries Shah, "How to Catch Monkeys," in 《Tales of the Dervishes: Teaching-Stories of the Sufi Masters over the Past 1000 Years》(London: Octagon Press, 1982), 29.

4 사냥꾼에게 갇힌 원숭이의 영상을 보여주는 것이 어떤 청중에게나 꼭 맞는 것은 아니다! 다행히도 이 비디오에서 사냥꾼의 목적은 원숭이에게 짠 음 식을 먹이고 풀어준 다음 그가 샘물로 가도록 유도해 그를 쫓는 것이었다. "The Monkey Trap Is Not a Lemmings Myth," YouTube, posted by Russell Wright, October 13, 2011, https://www.youtube.com/watch?v=oAyU6wZ_ZUg.

5 Kegan and Lahey, " Uncovering the Immunity to Change." 참고

6 크리스 아지리스(Chris Argyris)는 사람들이 왜 조직에서 피드백과 학습
에 저항하는지 연구하면서 비슷한 동기 목록을 발견했다. 사람들은 통제
력을 발휘하려 하고, 승리를 극대화하고, 부정적인 감정을 억제하고, 합
리적이려고 노력한다. Chris Argyris,《Teaching Smart People How to
Learn (Boston: Harvard Business Press, 2008).

STEP5

1 대신 모든 사람이 내부적으로 동기부여를 받는 것을 고려하고, 내부적
으로 어떤 동기부여가 있었으며 어떤 것이 다른 사람에게 동기를 부여
하는지를 질문한다. 이 여정에 대해서는 수전 파울러(Susan Fowler)의
《Why Motivating People Doesn't Work... and What Does》(San Francisco:
Berrett-Koehler, 2014)를 참고하라.

2 긍정심리학과 더 나은 세상을 만드는 것 사이의 연관성에 대한 더 깊은 탐
구는 Gabriel B. Grant, "Transforming Sustainability," Journal of Corporate
Citizenship 2012, no. 46, 123 - 137, doi:10.9774/gleaf.4700.2012.
su.00008 참고.

3 C. Otto Scharmer,《Theory U: Leading from the Future as It Emerges》(San
Francisco: Berrett-Koehler, 2009).

4 실전연습17의 명상에 도움을 준 배럿 브라운(Barrett Brown)에게 특
히 감사한다. 그는 '2014 번영과 성공 콘퍼런스(Flourish and Prosper
Conference)'에서 명상의 첫 번째 버전을 만들어줬다.

5 워드 클라우드는 워크숍 참가자들의 답변에서 만들어졌다. 단어의 크기는
참가자 응답의 발생 빈도를 보여준다.

6 Scharmer,《Theory U》.

STEP6

1 좋은 사과의 요소에 대한 동료 평가 연구는 Karina Schumann, "An
Affirmed Self and a Better Apology: The Effect of Self-Affirmation on
Transgressors' Responses to Victims," Journal of Experimental Social

Psychology 54 (2014): 89 – 96, doi: 10.1016/j.jesp.2014.04.013 참고.

2 부분적인 사과는 역효과를 낼 수도 있다. 앞으로 나아가는 데 전념하고 싶 다면 모든 책임을 지도록 하라. Jennifer K. Robbennolt, "Apologies and Legal Settlement: An Empirical Examination," Michigan Law Review 102, no. 3 (2003): 460 – 516, doi:10.2307/3595367 참고.

3 심리학적 보상을 연구하는 자료. 사과를 하지 않음으로써, 여러분은 통제 력을 느낄 수 있고 현재 자신에 대해 더 잘 알 수 있다. Tyler G. Okimoto, Michael Wenzel, and Kyli Hedrick, "Refusing to Apologize Can Have Psychological Benefits (and We Issue No Mea Culpa for This Research Finding)," European Journal of Social Psychology 43, no. 1 (2012): 22 – 31, doi:10.1002/ejsp.1901.

4 가브리엘은 바이런 펠로십의 공동 설립자로 새로운 리더를 양성하며, 그들이 자신의 공동체 내에서 생산적 노력을 배양할 수 있도록 돕고 있 다(www.byronfellowship.org).

STEP7

1 예일대 문화인지 프로젝트(Yale's Cultural Cognition Project)의 댄 카 한(Dan Kahan)은 가치와 이데올로기가 기술적 및 환경적 위험에 대한 사람들의 인식을 어떻게 형성할 수 있는지 보여준다. 보수주의자들은 기 후변화의 위험을 체계적으로 과소평가하고, 진보주의자들은 조직적으 로 원자력과 은폐된 권총의 위험을 과대평가한다. Dan M. Kahan, Hank Jenkins-Smith, and Donald Braman, "Cultural Cognition of Scientific Consensus," SSRN Electronic Journal, doi:10.2139/ssrn.1549444.

2 하이트의 책《The Righteous Mind》는 훌륭한 자료로, 독자들에게 우리의 도덕과 정치의 정서적, 문화적, 진화적 토대를 탐구하도록 권한다. 수십 년 에 걸친 문화적, 정치적 심리에 관한 연구를 바탕으로 하고 있다. Jonathan Haidt, 《The Righteous Mind: Why Good People Are Divided by Politics and Religion》(New York: Pantheon Books, 2012).

3 "Carl the Cuck Slayer vs Van Jones," Van Jones interview by Owen Shroyer, YouTube, posted by TheInfowarrior, July 21, 2016, https://

www.youtube.com/watch?v=sjtENUXgZIY.

4 우리는 그래프의 세부 사항을 단순화하여 투자 관리 컨텍스트보다 더 일반화했다.

STEP8

1 Tom Kludt, "Mike Pence Appears at Odds with Trump on Climate Change," CNN, September 27, 2016, https://edition.cnn.com/2016/09/27/politics/mike-pence-donald-trump-climate-change-trade/index.html.

2 창의적 갈등에 대한 아이디어를 더 자세히 알아보려면 피터 센게(Peter Senge)의 책《학습하는 조직》과 비망록을 참고하라. Peter M. Senge,《The Fifth Discipline: The Art and Practice of the Learning Organization》(New York: Doubleday/Currency, 1990). 또한 센게와 그의 팀에게 영감을 준 로버트 프리츠(Robert Fritz)의 책도 참고하라. Robert Fritz,《The Path of Least Resistance: Learning to Become the Creative Force in Your Own Life》(New York: Ballantine, 1989).

3 John Tillman Lyle,《Regenerative Design for Sustainable Development》(New York: John Wiley, 1994); John R. Ehrenfeld and Andrew J. Hoffman, 《Flourishing: A Frank Conversation about Sustainability》(Stanford, CA: Stanford Business Books, 2013); and Yossi Sheffi,《The Power of Resilience: How the Best Companies Manage the Unexpected》(Cambridge, MA: MIT Press, 2015).

4 워드 클라우드는 워크숍 참가자들의 답변으로 만들었다.

5 Rumi,《The Essential Rumi》, trans. Coleman Barks (San Francisco: Harper, 1995).

6 John R. Ehrenfeld, Flourishing by Design, http://www.johnehrenfeld.com/.

7 Peter M. Senge, Hal Hamilton, and John Kania, "The Dawn of System Leadership," Stanford Social Innovation Review, Winter 2015, https://ssir.org/articles/entry/the_dawn_of_system_leadership을 인용했다.

참고문헌

"Carl the Cuck Slayer vs Van Jones," Van Jones interview by Owen Shroyer, YouTube, posted by Millennial Millie, July 23, 2016, https://www.youtube.com/watch?v=ro1cHexISxo.

Chris Argyris, 《Teaching Smart People How to Learn》(Boston: Harvard Business Press, 2008).

C. Otto Scharmer, 《Theory U: Leading from the Future as It Emerges》(San Francisco: Berrett-Koehler, 2009).

Daniel C. Esty and Andrew S. Winston, 《Green to Gold: How Smart Companies Use Environmental Strategy to Innovate, Create Value, and Build Competitive Advantage》(New Haven, CT: Yale University Press, 2006).

Dan M. Kahan, Hank Jenkins-Smith, and Donald Braman, "Cultural Cognition of Scientific Consensus," SSRN Electronic Journal, doi:10.2139/ssrn.1549444.

Eli Pariser, 《The Filter Bubble: What the Internet Is Hiding from You》(New York: Penguin Press, 2011).

Gabriel B. Grant, "Transforming Sustainability," Journal of Corporate Citizenship 2012, no. 46, 123 - 137, doi:10.9774/gleaf.4700.2012.su.00008

George Lakoff, 《The All New Don't Think of an Elephant! Know Your Values *and Frame the Debate*》(White River Junction, VT: Chelsea Green Publishing, 2014).

Idries Shah, " How to Catch Monkeys." In 《*Tales of the Dervishes: Teaching-Stories of the Sufi Masters over the Past 1000 Years*》, 29 – 30. (London: Octagon Press, 1982).

Jeffrey David Stauch, 《*Effective Frontline Fundraising: A Guide for Nonprofits, Political Candidates, and Advocacy Groups*》(Berkeley, CA: Apress, 2011).

Jeffrey Pfeffer, 《*Power: Why Some People Have It and Others Don't*》(New York: Collins Business, 2010)

Jennifer K. Robbennolt, "Apologies and Legal Settlement: An Empirical Examination," Michigan Law Review 102, no. 3 (2003): 460 – 516, doi:10.2307/3595367.

John Kador, 《*Effective Apology: Mending Fences, Building Bridges, and Restoring Trust*》(San Francisco: Berrett-oehler, 2009).

John R. Ehrenfeld and Andrew J. Hoffman, 《*Flourishing: A Frank Conversation about Sustainability*》(Stanford, CA: Stanford Business Books, 2013).

John R. Ehrenfeld, Flourishing by Design, Accessed November 13, 2016. http://www.johnehrenfeld.com/.

Jonathan Haidt, 《*The Righteous Mind: Why Good People Are Divided by Politics and Religion*》(New York: Pantheon Books, 2012).

John Tillman Lyle, 《*Regenerative Design for Sustainable Development*》(New York: John Wiley, 1994)

Karina Schumann, "An Affirmed Self and a Better Apology: The Effect of Self-Affirmation on Transgressors' Responses to Victims," Journal of Experimental Social Psychology 54 (2014): 89 – 96, doi: 10.1016/j.jesp.2014.04.013.

Kerry Patterson, Joseph Grenny, Ron McMillan, Al Switzler, 《*Crucial*

Conversations: Tools for Talking When the Stakes Are High》(New York: McGraw-Hill, 2012).

Nadia Y. Basjor, Penelope Lockwood, Alison L. Chasteen, Daniel Nadolny, and Indra Noyes. "The Ironic Impact of Activists: Negative Stereotypes Reduce Social Change Influence." European Journal of Social Psychology 43, no. 7 (2013): 614 – 26. doi:10.1002/ejsp.1983.
Niccolo Machiavelli, 《*The Prince*》 Translated by W. K. Marriott (Chicago: Encyclopedia Britannica, 1955).

Oxford Dictionaries. s.v. "authentic." Accessed April 10, 2016. https://en.oxforddictionaries.com/definition/authentic.

Paul Hawken. 《*The Ecology of Commerce: A Declaration of Sustainability*》(New York: Harper Business, 1993).
Peter M. Senge, 《*The Fifth Discipline: The Art and Practice of the Learning Organization*》(New York: Doubleday/Currency, 1990).
Peter M. Senge, Hal Hamilton, and John Kania, "The Dawn of System Leadership," Stanford Social Innovation Review, Winter 2015, https://ssir.org/articles/entry/the_dawn_of_system_leadership.

Robert B. Cialdini, 《*Influence: The Psychology of Persuasion*》(New York: Collins, 2007).
Ray C Anderson, 《*Confessions of a Radical Industrialist: Profits, People, Purpose - Doing Business by Respecting the Earth*》 With Robin A. White.(New York: St. Martin's Press, 2009). ___ 《*Mid-Course Correction: Toward a Sustainable Enterprise: The Interface Model*》(Atlanta: Peregrinzilla Press, 1998).
Roger Fisher, William Ury, and Bruce Patton, 《*Getting to Yes: Negotiating Agreement without Giving In*》(New York: Penguin Books, 1991).
Robert Fritz, 《*The Path of Least Resistance: Learning to Become the Creative*

Force in Your Own Life》(New York: Ballantine, 1989).

Robert Kegan and Lisa Laskow Lahey, 《*How the Way We Talk Can Change the Way We Work: Seven Languages for Transformation*》(San Francisco: Jossey-ass, 2001).__"Uncovering the Immunity to Change." Chap. 2 in 《*Immunity to Change: How to Overcome It and Unlock Potential in Yourself and Your Organization*》(Boston: Harvard Business Press, 2009).

Rumi, 《*The Essential Rumi*》, trans. Coleman Barks (San Francisco: Harper, 1995).

Saul D. Alinsky, 《*Rules for Radicals: A Practical Primer for Realistic Radicals*》(New York: Vintage Books, 1989).

Steven Crowell, "Existentialism." Stanford University Encyclopedia of Philosophy. August 23, 2004. Accessed November 13, 2016. http://plato.stanford.edu/entries/existentialism/#Aut.

Steve Zaffron and David Logan, 《*The Three Laws of Performance: Rewriting the Future of Your Organization and Your Life*》(San Francisco: Jossey-ass, 2009).

Susan Fowler, 《*Why Motivating People Doesn't Work... and What Does*》(San Francisco: Berrett-Koehler, 2014).

Sun Tzu, 《*The Art of War*》Translated by Samuel B. Griffith(London: Oxford University Press, 1971).

"The Monkey Trap Is Not a Lemmings Myth," YouTube, posted by Russell Wright, October 13, 2011, https://www.youtube.com/watch?v=oAyU6wZ_ZUg. Tom Kludt, "Mike Pence Appears at Odds with Trump on Climate Change," CNN, September 27, 2016, https://edition.cnn.com/2016/09/27/politics/mike-pence-donald-trump-climate-change-trade/index.html.

Tyler G. Okimoto, Michael Wenzel, and Kyli Hedrick, "Refusing to Apologize Can Have Psychological Benefits (and We Issue No Mea Culpa for This Research Finding)," European Journal of Social Psychology 43, no. 1 (2012): 22-31, doi:10.1002/ejsp.1901.

Viktor E. Frankl, 《Man' Search for Meaning》(Boston: Beacon Press, 2006).

Werner H. Ehrhard, Michael C. Jensen, and Kari L. Granger. "Creating Leaders: An Ontological/Phenomenological Model." Chap. 16 in 《The Handbook for Teaching Leadership: Knowing, Doing, and Being》, edited by Scott A. Snook, Nitin Nohria, and Rakesh Khurana. (Thousand Oaks, CA: SAGE Publications, 2012). Abstract available at SSRN, https://ssrn.com/abstract=1881682.

Yossi Sheffi, 《The Power of Resilience: How the Best Companies Manage the Unexpected》(Cambridge, MA: MIT Press, 2015).

감사의 말

대부분 감사의 말은 저자의 가족 이야기로 끝나지만, 우리는 가족 이야기부터 시작하는 것이 맞다고 생각한다. 아내인 알라카와 사라, 그리고 우리의 아이들인 비크람, 우마, 아리아나, 매들린은 우리의 허튼소리를 견뎌줬다. 가족들은 우리의 성찰과 배움, 성장을 위해 엄한 소리하지 말란 말은 꺼내지 않았다. 이 책에는 저자의 집에서 일어난 이야기들도 들어 있다. 사라는 책의 초안에 귀중한 의견을 제공했다. 알라카는 장과 책 제목뿐만 아니라 우리의 목소리를 전체적으로 재구성한 우아한 문구에 기여했다. 우리의 여행 내내 보여준 가족의 사랑과 유머, 지원에 감사하는 마음을 말로 다 표현할 수 없다.

우리는 다양한 멘토들과 선생님들의 가르침을 받았다. 제이슨에게 이 책을 쓰는 동안 '내면의 목소리'가 되어주었던 부모님, 귀중한 의견을 준 릭 제이와 수 소여, 렙 잘만 샤흐터-샬로미, 네타넬 마일즈-예페즈, 로버트 캐건, 카탈리나 래저나, 브루스 알린, 빌 아이작스, 글래니퍼 길레스피, 피터 셍게, 존 스터먼, 완다 오리코우스키, 릭 로키, 수잔 실비에게 감사한다. 가브리엘은 늘 목표를 좇으라는 가르침을 주신 부모님인 그레고리 그랜트와 마릴린 바우차트에게 감사한다. 짐 브레이너드, 마크 보이스, 건터 파울리, 아멜리아 테라핀, 톰 시거, 마리안 체르토우, 찰스 보글, 에이미 위즈니에프스키, 채드 올리버, 해리 피켄스, 아나마리아 아리스티자발, 웨인 데이비스, 바렛 브라운에게도 감사한다.

우리 둘 다 각자의 일에 영감을 불어넣은 멘토와 영향력 있는 사람들에게 감사의 마음을 전한다. 존 에렌펠트는 지속 가능성을 인간과 다른 생명체가 지구상에서 영원히 번성할 가능성으로 재정의해주었다. 도넬라 메도우즈는 우리의 비전을 표현할 수 있도록 도와주었다. 그들은 함께 진정성, 개인적 변화, 더 넓은 사회적 변화 사이의 중요한 연결 고리를 확인하는 데 도움을 주었다. 로버트 캐건과 리사 레이히의 책《변화에 대한 면역 Immunity to Change》과 오토 샤머의《이론 U Theory U》는 우리 작품에 강력한 영향을 미쳤으며, 책을 통해 개인적, 사회적 변화의 과정을 공유할 수 있단 걸 보여줬다. 우리는 또한 이미 언급한 몇몇 사람과 로저 스미스를 포함하여 베르너 에르하르트와 그가 영감을 준 교사와 코치들을 만날 수 있었던 데 깊은 감사를 느낀다. 그들은 우리와 '담론 변화'의 가능성을 공유했다. 게다가 '역설'이라는 개념은 이 책의 'STEP7'에서 아이디어의 기초를 이뤘으며, 우리는 켄윈 스미스와 데이비드 버그, 로버트 퀸과 킴 카메론, 웬디 스미스와 마리안 루이스, 폴라 자바코프스키의 역설에 관한 연구에 감사한다. 조직과 사회 변화를 이해하기 위한 유용한 개념을 만드는 데 많은 도움을 받았다. 마지막으로 우리의 연구는 새로운 관점에서 정치적 양극화에 도전 하는 현대 작가들로부터 도움을 받았다. 댄 카한의 기후변화와 다른 사회적 위험에 대한 문화적 심리학, 조녀선 하이트의 '정의로운 정신'에 대한 묘사, 마크 거슨의 '통일된 미국'에 대한 노력은 모두 이 책의 영감이 되었다.

워크숍 참가자들과 학생들, 인터뷰 참가자들은 매우 취약하고 강력한 이야기를 통해 자신의 경험을 공개해주었다. 그들은 대화를 '바꾸는' 일을 해냈고, 그들 모두에게 감사를 표하고 싶다. 책에서 자신의 이야기를 공유해준 케빈 헤이건, 멜리사 길더슬리브, 조이스 라발, 존 프레이, 숀 케니, 롭 윌슨, 몰리 볼드윈, 브렌트 시걸에게 감사한다.

여행을 함께한 조력자들이 없었다면 이 책도 없었을 것이다. 케이티 월러스, 바렛 브라운, 사라 소더스트롬에게 감사한다. 바렛은 우리가 주요 실전연습을 개발하는 것을 도왔다. 미시간대학교에서 사라가 들은 환경 리더십 수업은 우리가 목격한 대단한 변화들 중 하나였다. 우리의 워크숍은 재정적인 후원을 받았으며, 특히 PwC의 제프 센, 바이런 펠로우십의 마크 보이스, 그리고 환경보호를 위한 그랜섬 재단의 제레미 그랜섬과 램지 라베넬에게 큰 마음의 빚을 졌다.

우리는 프로젝트 매니저인 로라 예이츠로부터 엄청난 도움과 영감을 받았다. 머리말은 방학을 맞아 친구들과 놀러간 로라가 기후변화에 대해 친구들과 얘기하는 내용으로 시작되는데, 로라의 용기 있는 대화에 관한 이야기는 STEP6와 STEP8까지 이어진다. 그녀는 여행 내내 우리가 체계적으로 일할 수 있도록 도와주었다.

편집자 로즈앤 무어와 안나 라인버거는 아이디어와 연습의 불협화음을 일관된 전체로 엮는 걸 도와줬다. 그리고 베렛-코울러에서 지반 시바수브라마니아와 스티브 피에르산티의 엄격한 지지와 격려가 없었다면 이 책을 계속 쓰지 못했을 것이다. 우리는 출판사와 작가 공동체의 일부가 되어 모든 사람을 위해 일하는 세계를 창조하고 거기에 도달할 수 있는 속도를 내도록 영감을 받았다.

우리는 두 그룹으로부터 초안에 대한 매우 도움이 되는 피드백을 받았다. 첫 번째 그룹에는 완다 오리코우스키, 피터 센게, 존 에렌펠트, 앤드루 호프먼, 배럿 브라운, 찰스 보글, 빌 아이작, 케이트 아이작스, 스티브 셰인 같이 우리가 존경하는 작가들이 포함되어 있다. 그 외에는 레이철 페인, 베키 마르기타, 캐럴린 듀폰, 헤더 존슨, 타마라 스타턴, 베서니 패튼, 존 해리슨, 재스민 해밀턴, 사바나 크리스찬 등 우리의 초안 실전연습 과제를 검증해준 '테스트 사용자'들도 있었다. 사라 타운센드-그랜트와 클로이 콕번은 우리가 건강과 사회정의의 맥락에서 관점을 이끌어낼 수 있도록 도와주었다. 우리의 삽화가인 존 콕스는 우리가 진지한 놀이의 정신을 살리는 데 도움을 주었다. 그리고 마지막으로, 우리는 엘리자베스 월시, 제시카 보그, 제임스 베레스포드, 짐 스토너, 글렌 다우넬을 포함한 다른 대학 교수진들로부터 많은 혜택을 받았다.

우리는 친구들의 광범위한 통찰력을 존중하기 위해 최선을 다했다. 빠지거나 명확하지 않은 이름이 있다면 전부 우리의 잘못이다.

벽을 뚫는 대화법

2020년 3월 13일 초판 1쇄 발행
2020년 5월 25일 초판 2쇄 발행

지은이 | 제이슨 제이, 가브리엘 그랜트
옮긴이 | 김지혜
발행인 | 윤호권 박헌용
책임편집 | 신수엽
마케팅 | 조용호 이재성 임슬기 정재영 문무현 서영광 이영섭 박보영

발행처 | (주)시공사
출판등록 | 1989년 5월 10일(제3-248호)

주소 | 서울시 서초구 사임당로 82(우편번호 06641)
전화 | 편집(02)2046-2850 · 마케팅(02)2046-2881
팩스 | 편집 · 마케팅(02)585-1755
홈페이지 | www.sigongsa.com

ISBN 978-89-527-4268-1 03190

알키는 (주)시공사의 브랜드입니다.

이 도서의 국립중앙도서관 출판예정도서목록(CIP)은 서지정보유통지원시스템 홈페이지
(http://seoji.nl.go.kr)와 국가자료공동목록시스템(http://www.nl.go.kr/kolisnet)에서 이용하실 수 있습니다.
(CIP제어번호: CIP2020008653)